この街で 仲間とともに

障害者自立支援法をこえて

いぶきが大切にしたいこと 2

社会福祉法人いぶき福祉会【編著】

生活思想社

刊行にあたって

いぶき福祉会としては、『障害者福祉がかわる　考えよう！ 支援費制度　＊いぶきが大切にしたいこと』に続き二冊目の本書が発刊されるにいたったのは障害者自立支援法（以下「自立支援法」と略）と大きな関係があります。

自立支援法が成立し施行されたころ、いぶきではいぶき福祉会の法人化一〇周年記念事業の検討をしていました。当時いぶきでは、この法律の施行によりいぶき全体で一年当たり前年度比約二〇〇〇万円前後ともなる減収の状態が毎月続いており、経営上深刻な危機感を抱かざるを得ない状況にありました。そのようなかで多くのお金を使って祝賀パーティーなどを開催する余裕はありませんでした。

そこでいぶきとしてはできるだけお金を使わない本書の発刊という方法で、いぶき法人化以来一〇年間の活動の報告をするとともに、自立支援法が施行されるなかでいぶきではどのような問題が起こっているのか、いぶきが目指すものにこの法律がどれほどのダメージをこうむらせつつあるのかを、市民の皆さんに知ってもらうために本書を刊行することを決めたのでした。

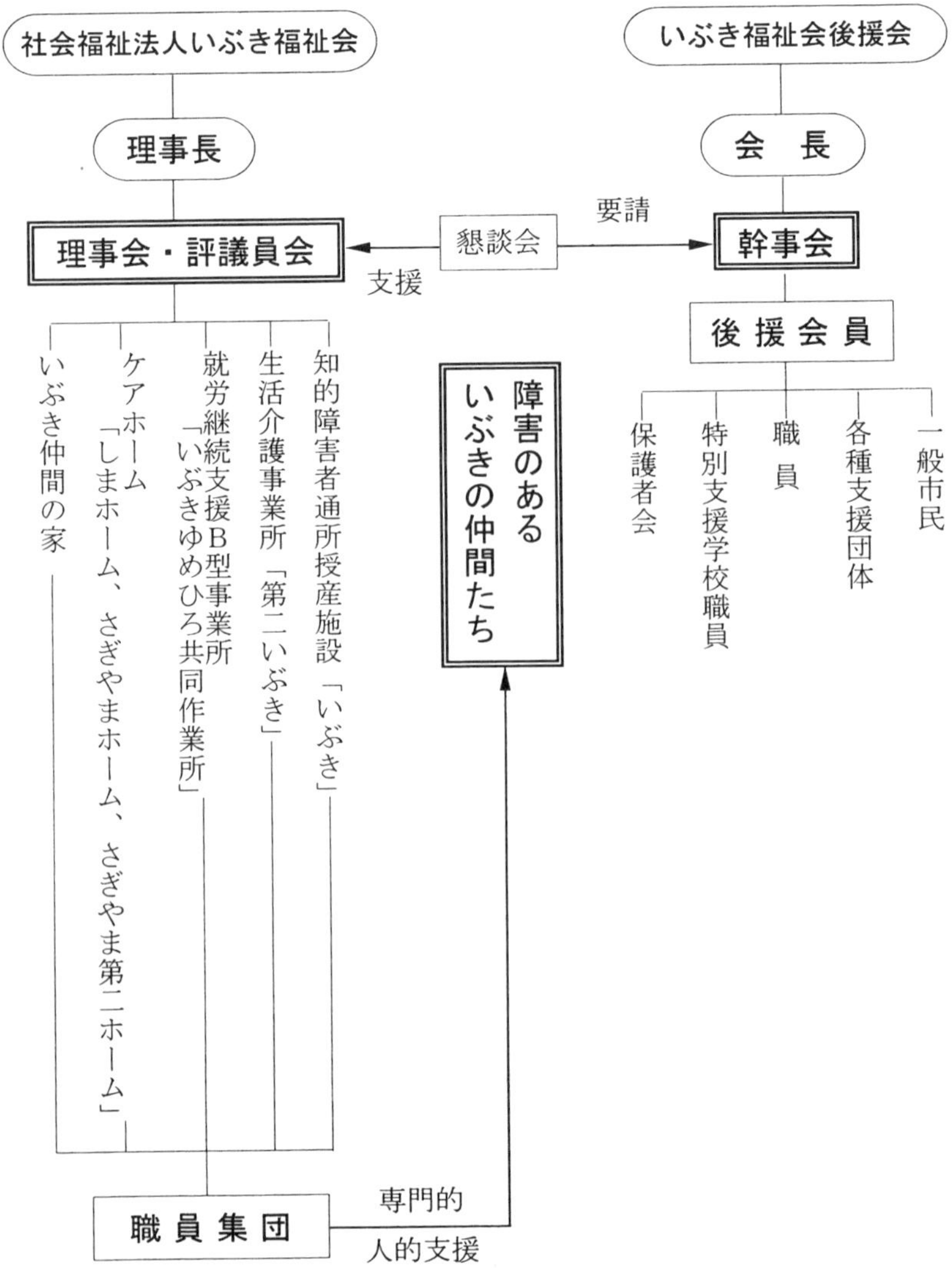

いぶき福祉会　組織概念図

一九八四年四月に無認可共同作業所を開設し、九四年六月に法人認可を受けたいぶきが目指したものは、どんな重い障害のある障害者も受け入れて働く場と生活の場を保障すること、障害者福祉のプロである職員を育成してこれらの人たちが中心となって施設運営をすること、理事会と評議員会が名実ともに法人経営をすること、後援会・保護者会を中心とした広範な市民の皆さんに支えられ共に歩むなかでいぶきの存立をはかること、というあたりまえのことでした。しかしこのあたりまえのことが法人設立後一〇年というそれほど長くない期間中でも実践し続けていくことがなかなか困難でした。実際には何度もピンチに陥りそのつど苦労して問題を一つ一つ解決してきました。

とりわけ支援費制度実施から自立支援法の施行へと続いた大波は大変でした。障害者や障害者施設は、政治や制度改革の影響を直接かつ深刻な形で受けるものであることを改めて思い知らされました。いぶきは理事会を中心に、いつも経費の削減や八〇%の人件費率の保持、どうしたら法人が生き残れるか、このまま赤字が続くのであればその赤字施設を廃止に踏み切るべきか、などという暗い議論ばかりしていた時期がありました。しかし、利益を生み出す企業ではないいぶきでは、窮状と自立支援法の改革を訴える以外に、独自に講じることができる有効な方策は限られていました。この時期に改めて私は、いぶきは後援会・保護者の皆さんを中心とするたくさんの市民の方々の理解を得て、これらの人たちを存立の基盤として存続をしていく方策を立てていくしか生き残ることができないことを再確認したのでした。

本書では、一冊目よりさらにたくさんのいぶき関係者がいぶきについて語り、日頃考えていることなどを述べています。いぶきはこれら施設長や幹部職員、若い職員、保護者や後援会の人たちによって支えられ、運営されてきました。これらの一人一人の声が集まったものがいぶきなのだと私は考えています。そしてその声が今回の一冊に集約されています。

現在、いぶきの後援会や保護者会では、重度の障害者も利用可能なショートステイや、親なき後も対応可能なケアホームの建設を検討しているようです。そのようなことも含めて今いぶきという障害者施設の現場にどんな人間が集まり、どんなことが起こっているのか、どのような悩みを抱え、どういうことに生きがいや希望を見出そうとしているのか、本書を一人でも多くの市民の皆さんに読んでいただき、いぶきのことや障害者施設のことをまず知っていただけることを心から願っています。

二〇〇八年三月

いぶき福祉会理事長　**横山文夫**

もくじ

▼障害者自立支援法の内容については二〇〇七年一二月現在のものです
▼本文の障害のある仲間の名前はすべて仮名です
▼**本文掲載写真**＊いぶきの仲間たち――本文内容との直接の関係はありません
▼**いぶきステッカー製作**（カバーうら）＊鎌宮綾子
▼**イラスト**＊萩森麻美
▼**装　幀**・渡辺美知子

【構成詩】この町に住みたい――「いぶき」とともに（前編）

一　いのち

1
私たちの長男が生まれたのは
ひまわりが空高く昇った
暑い夏でした
輝く子に育ってほしい
そんな願いで一輝と名付けました
体重三三〇〇グラム　身長五〇センチのわが子
パパはもう大喜び
朝も晩も
一輝のそばを離れませんでした

ところが
かすかな物音にもびっくりする一輝
昼寝をしないのに夜も寝なかったりする一輝
高熱も出ました

いつしか私の心に不安の影が忍び込むようになりました

三カ月検診の日
身長を計ろうとしたら
足をギュッと曲げたまま動きません
「今から反抗心の強い子」
保健婦さんは言いました

ある日
知人の紹介で
名大病院に出掛けました
診断の結果は告げられず
専門の施設で訓練を受けたほうが良いということでした

見たことも聞いたこともない場所に向かって
電車に飛び乗っていました

青い鳥学園

一輝の足をひょいと持って
逆さにゆらします
パラシュートという
身体の反応をみる診察でした
わが子はただ泣くばかり

訓練の日が続きました
帰り道
泣き疲れて背中で眠るわが子の重さに
あとからあとから涙が出ます
思えば長い道のりでした

2

龍平は予定日より三週間早く生まれました
帝王切開でした
双子の兄の方は亡くなり
龍平も危篤状態が続きました
私は何も知らず
ただ子どもに会いたい一心で
傷口を押さえ
未熟児センターに向かいました

体中に管を付けた枯れ木のような赤ん坊が
保育器の中にいました
一三八五グラムのわが子でした

「授乳の時間です。
これから赤ちゃんをお連れしますので
廊下に出てお待ちください」
アナウンスが病棟に
響きわたり
廊下はにぎやかになります
私は一人病室
母乳はあふれるほど出るのに

面会用ガラスの向こうには
龍平がいます
わが子は私をじっと見つめています
まるで母親であることを知っているかのように
長い間じっと

三九日後
龍平は保育器を出ました

二ヵ月遅れの
親子三人の生活
どんなに待ち望んだことでしょう
かわいく
いとおしく
何よりの宝物

でも龍平は
右手でおもちゃを握れない
龍平はおすわりもできない
診断の結果は
脳性麻痺
龍平が満一歳になる少し前のことでした

二　はばたき

3
私の子どもも
脳性麻痺でした
希望ヶ丘学園の検査結果に
どうしていいかわからなかった私でした
すぐ始まった機能訓練で
泣きわめく絵理を見て
私もただ泣くばかりでした

「お兄ちゃんはどのくらい訓練したら歩けるようになったの」
幼い絵理の問いに
たじろいでしまった私

やがて母子通園施設「ポッポの家」に
通うことになった絵理
そこで
同じ悩みの母親たちと出会うことができました

心開いて悩みを語り
聞いてもらうことで
どんなに慰められたことか

やがてわが子は関養護での生活を始めたのです
毎日が精一杯の私に
ここでも
一緒に通うお母さんたちが
「卒業後のことを考えよう」
と声をかけてくれました
グループ「たんぽぽ」の誕生です

手作りバザー
積み立て
着々とすすむ準備
そして
私たちは
法人化の話のあった「いぶき」に
合流することになりました

いぶきまつり
バザー
音楽会
絵理は
いぶきとともに
歩み始めました

4

わが子の就学の時期
親の悩みはつきません
養護学校か特殊学級か
わが子の性格に合うのはどちらだろうか
できることなら校下の学校に通わせたい
生徒の人数はどれくらいだろうか
悩みに悩んだ末

特殊学級の方が
よいような気がしたのです
三回の見学
担任の先生のお話を聞き
一緒に遊んでもらい
運動会にも飛び入り参加しました
「この様子なら一緒にやっていけるよ」
先生の言葉に励まされた私たち
そして
教育委員会からの連絡は
養護学校に行くようにということでした
私は親としての気持ちを言いましたが
聞き入れてはもらえませんでした
校長先生は言いました
「無理に入れても何かあった時責任はとれませんよ」
私たちは親としての気持ちを言いましたが
聞き入れてはもらえませんでした

5

学校生活は
りょうじにとって
とても楽しい日々でした
けれども

りょうじは
高校を一年残して
いぶきへ通うことを決めました
りょうじの進路は
私たちが決めてやらないといけないからです

「学校をやめていぶきへ行く?」
そう尋ねると
「いぶき行く」
と答えます

りょうじがこの町で暮らすには
いぶきが必要なのです
考えなければならないことは
たくさんあります
いつまでわが子といっしょに暮らせるのか
わが子ははたして
新しい環境に順応できるのか
私の手元に置くだけでよいのだろうか
考えなければならないことは
たくさんあります

[第１章]

いぶきの仲間たち

――いぶきの実践を振り返る

山口泰代／原 哲治・永田和樹／河合真紀／別府 哲

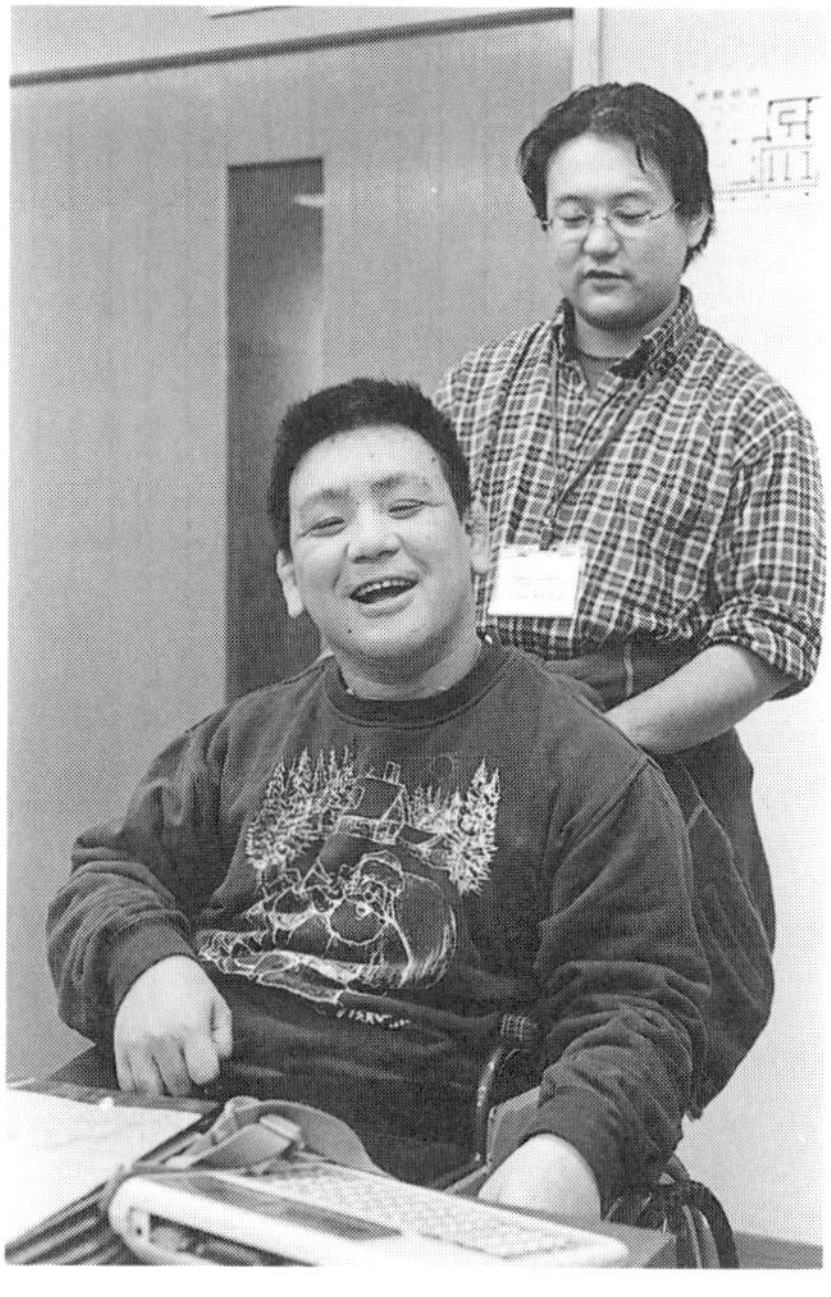

ただいま出勤、今日も一日がんばります（撮影・豆塚猛氏）

1　施設に通うことで得られるもの

山口泰代

在宅や医療機関で過ごすのではなく、通所の施設に通い地域のなかで暮らすことで得られるものについて、今まで大切にしてきたことや考えてきたことを振り返っていきたいと思います。

1　地域から在宅障害者の掘り起こし
――藤島孝昌さんの事例から

■長かった在宅生活

在宅での生活が長かった方への支援と施設に通ってきたことでの変化について触れたいと思います。

藤島孝昌さんは四七歳のダウン症候群の男性です。父母、姉夫婦、甥、姪と同居。養護学校義務制以前の時代に学齢期をすごし、今までに福祉施設を利用する機会と経験はほとんどなく、在宅で長く過ごしていた一人でした。

若い頃はよく自宅から近所を出歩いていたようでしたが、近年は体力の低下からかあまり出歩かなくなってきたようです。藤島さんはドライブをして車のなかで過ごすことは好きなものの、外界への不安が強く外出先で降りることはありませんでした。そのため、家族が本人の身体の不調を感じていても病院の院内に入ることができず、駐車場の車中で身体を固くしながら医師に診てもらっていました。「ずっとこのままではいけない」と思っていた姉が、コラボいぶき（以下、コラボと略す）の情報を同じ地域の利用者の家族から聞き、彼が四三歳のときに開所初年度のコラボに利用を申し込んだことが出逢いのきっかけになりました。社会資源の一つとして毎日通所で仕事を行なう場所ではなく、余暇を楽しむデイサービスという気軽に利用できる場所があったからこそ、「とにかく外に出していきたい」という家族も利用に踏み切れたのではないかと感じています。藤島さん本人の幸せや、より良い生活を願いながらも、彼が外の世界と触れ合って過ごしていけるのか、家族の不安や心配も大きかったと思います。

■**藤島さんとの出逢い**

二〇〇三年六月デイサービスでの一歩も、まずは車からの顔合わせで始まりました。姉といっしょにいつものドライブのはずが初めて見る建物に車が止まり、初めて出会う人の顔が見えます。「ここはどこ」とばかりに「ううー」と不安そうな声で表情と身体を強ばらせて、車から降りる気配はありませんでした。さらに、挨拶のため姿を見せた職員から少しでも離れようと車中のシートの端から端へと身体をずらしながら移動していました。

自分の世界を守るための動きを見せていた彼の姿から、外界に対して「何をする場所なのか、どう動いていいのかわからない」といった見通しがもてていないために不安があると感じました。当時、感触が気に入りビニール袋に入れた柔らかい餅をお守りのように持ち歩いていました。その大切な餅を手にするため、建物の外に面した窓辺に置かれた餅へと警戒しながらでも車から出て来ることができました。ほんの数歩の往復でしたが、自分の大切な物のために考えながら初めての場所で降りた一連の出来事は、当時の藤島さんにとって大きな労力を要したことなのです。

誰しも何かを試みようと思いそれを実行に移すまでには、きっかけが必要ですし、かなりのエネルギーを使うことになります。長年のあいだにできてきた自分達なりの生活のパターンを崩すことにもなります。家庭で家族といっしょに過ごす生活は不安も不満もないかわりに、変化が少ない世界でもあります。在宅での平穏な生活を長く送って

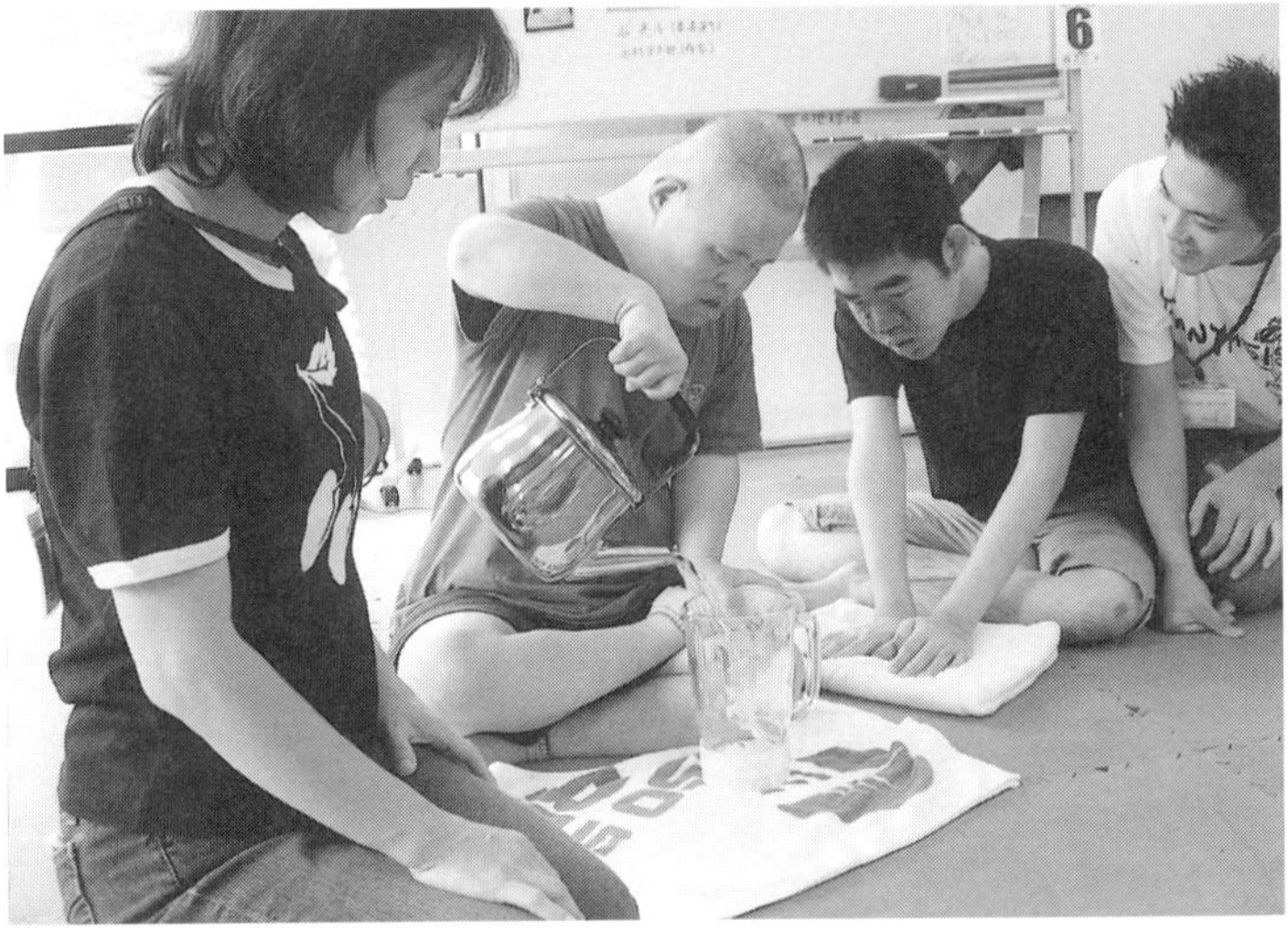

こぼさないように慎重に、慎重に……。これは僕の仕事。紙すきの仕事にて

いた藤島さんも、違う自分を出せる機会が少なかったことで、周りからだけでなく自分自身でもイメージを固めて制限をつけてしまっていました。施設に通うことは今までとはまったく違った世界であり、出逢いがあり変化があります。些細なことでも藤島さんに対しては新しい発見になりますし、彼自身にも新しい自分を感じてほしいと思いました。人と関わり合い、やり取りをするなかや活動するなかでの経験や手ごたえが、今後の彼の人生の生きる力となるように願いました。

■みんなのなかで一歩ずつ

藤島さんのニーズとして「楽しく過ごしたい」という基本的なニーズがあると考えてともに過ごすなかで、彼自身がもっていた力が初年度だけでも着々と開花していきました。さまざまな出逢いや経験が藤島さんの世界観を広げていったといえます。

コラボでのトイレや食事、館内の移動といった生活の部分にも変化がみられ、回を重ねるごとに緊張も和らいできたようです。日課に取り入れてきた外出では、初めはやはり建物に入ろうとはしなかった姿から、外出先の建物に入り他のメンバーといっしょに動けるようになってきました。足取りも軽く自信をもって歩いていました。また、周りの人の様子をよく見ていて、集団から離れることも少なくなってきました。いぶきが大切にしているゆったりとした日課と集団の雰囲気も藤島さんにとって受け容れやすい環境でした。言葉での説明だけよりも職員といっしょに見て感じてやってみることで、人や物への関わり方の見通しがもちやすくなったようです。本人にとって居場所があり、できることが増えて楽しさを増してくることにより彼の生活にメリハリをつけてきました。そうしたことを喜んでいることは、コラボが休みの日でもカバンを準備して出かけようとする姿からもうかがえます。

■集団の力が新しい世界へのつながりへ

継続してきた活動の一つに紙すきがあります。藤島さんは主にヤカンを使った水入れを担ってきました。紙すきの時間が終わり道具を片付けていると、藤島さんがふとヤカンを持ち上げていました。彼の行動を見守っているとヤカンを持ち上げて机に置きにいったのです。マットに戻ってきたあとも集団から背を向けることはありませんでした。まだいっしょに皆と活動していたい気持ちがあるように感じました。

集団のなかでいっしょに活動したという感覚と、いっしょに活動した人達が片付けをしている姿が、藤島さんに行動をおこすきっかけをつくったようでした。ヤカンの片付けは藤島さんに「こうして欲しい」と伝えたわけではなく、周りの様子を感じて「こうしよう」と彼が考えて行動を起こしたのです。片付けまでのすべての活動を終えたあとの満面の笑顔が、紙すきや集団に対する今の気持ちの現われだと思います。他人の意図ではなく自分の意思で動けることは、彼の世界の広がりへの新しい一歩です。

コラボでの彼の姿やもっている力について家族に伝えていきました。少しずつ家庭内での彼への見方も変わってきています。家族との通院や外出も可能になり、家族とともに外の世界に出かけていく機会が増えました。

藤島さん自身が見通しをもって生活し、一歩を踏み出すための自信をつけていくことを重点に支援を行なってきました。彼にとっての安心できる場所、その場所での活動をとおして人の広がりと自信が次への原動力の一つになることを期待しました。自分の思いが叶った満足感やそこにいたるまでの達成感から笑顔がこぼれてきました。そこから、自分の意思で踏み出そうとする行動が見られたり、人に伝えたいという気持ちが育ってきたりしたのだと思いました。彼が今後の人生にむけて、豊かにたくましく生きていくための土台作りは今後も大事にしたい課題です。

2　命と向き合って——医療的ケアを必要とする人
……林田郁美さんの事例から

■医療的ケアの必要な方の受けいれ

二七年間の生涯を生き抜いてきた林田郁美さん、私たちがともに過ごした時間は二年ほどの短い期間でしたが、そのなかで彼女が教えてくれたことや私たちが大切にしてきたこと、これからも大切にしていきたいことについてふれていきたいと思います。

二〇〇三年度、いぶき福祉会では初めて二名の医療的なケアの必要な方（排痰、吸引、経管栄養、胃ろうなど）を受けいれました。いぶき福祉会には身体的にも知的にも重度な障害をあわせもつ方は通っていましたが、医療面では服薬管理やてんかんの発作に対する対応以上のことが必要な仲間はいませんでした。健康かつ安全に過ごせる土台を作るため、どんな様子のときにどんなケアが必要になってくるのか、母の付き添いでの通所をお願いして引継ぎを行なっていきました。常勤の看護師を中心に個々の医療的ケアのマニュアルを作り整理して、医療契約をかわして母子通所はおわりを迎えました。

林田さんは座位がとれず、自力では首、腕、足が少し動かせる程度で、生活面のすべてに対して介助を必要としていました。一日のなかで数回てんかんの発作がおこり、体位を保持しての痰の自力排痰も可能ではありましたが、必要に応じて吸引も行ない常に見守りが必要な方でした。コミュニケーションの面では発語はなく、身体の緊張や目の動きを読み取ることで意思の確認を行なっていました。

■林田さんを知っていくなかで

当初はベッドで過ごしていただき新しい環境での様子を見ました。「医療的なケアを日常のなかで必要としている」ということで本人や医療グッズ、周囲の安全を確保するがゆえに、単に物理的な距離だけではなく心の面でもどこか特別視することがあったように思います。しかし、経管栄養も痰の吸引も医療機具やクッションもすべてを含めて「林田郁美さん」なのです。同じ時間や空間を共有するなかでより多くの人と触れ合う機会を作りたいと考え、第一条件の安全面を踏まえてポジショニングを検証しました。高さのあるベッドから他のメンバーが過ごすマットへといっしょに車椅子から降りて過ごすことで、人との距離が近くなりました。他の利用者や職員も声をかけやすくなったこと、そして林田さんの視界が広くなったことで集団を意識しやすくなりました。

安心して毎日通所できるように、思いが出せる場面をたくさん作りたいと思いましたが、彼女が伝えようとしている思いをまだ受け止めきれていませんでした。身体的な障害の制限からサインの出し方が小さく弱いため、私たち職員は充分思いをとらえきれてはいなかったのです。重心（重症心身障害者の略）の方にとって、何か伝えたい思いはあるけれど、本人自身その何かがはっきりとはしない場合もあります。また周囲にわかってもらえないことで要求自体がしぼんでしまう可能性も考えられます。彼女の表現方法である目の動き、「ゴホリ」と咳き込む様子、小さな「はぁー」の声をてかがりに気持ちを探るようにしました。「〜だろうか」と感じたことを支援者間で共有して検証し、思いに添ったものに近づけていく必要があります。しかし、すぐに変化が見えてくるものでもありません。「職員の思い込みなのではないだろうか」と悩んだときもありました。関わりのなかで林田さんの気持ちを感じ取り言葉にして伝えること、好きな活動を保障していくこと、初めてのことに対しても安心できるように説明すること、経験を広げるとともに継続して取り組んでいくことを大切にしました。

探っていくなかでみえてきた思いがありました。体調だけでなく気持ちの面で不安なときや緊張したときには咳き込んで助けを呼ぶ姿がありました。逆に彼女が好きな活動のときは咳き込む様子がありません。ゴホゴホと苦しそうで何度も吸引してもスッキリしないときに外に出るとピタリと咳がおさまったり、「散歩に行こうか」と出かける準備の時間も落ち着いていました。そこで、心身ともに心地良くなる時間として、外に出ることを積極的に取り入れました。そして、空咳のときは話しかけて、周りの様子を伝えて不安をやわらげると落ち着くことが増えました。また、音楽療法では職員が他の利用者に話しかけていた場面で「私には聞いてくれないの?」とでも言いたいような目の動きと表情を見せてくれて、職員にとって嬉しい驚きの発見でした。

■誰とでも排痰できるように

二〇〇四年九月より念願かなって月一回の理学療法士の機能訓練が始まり、第二いぶきで直接アドバイスを受ける機会ができました。林田さんに対しては毎日の手足のマッサージから呼吸運動を促進させる動きを重点的に取り入れるようになりました。楽に過ごせる姿勢をとることができ、全身の緊張もやわらいで呼吸が深くなってきました。何より林田さん自身も自力での排痰がうまくなり、吸引機を使う頻度が以前よりも少なくなったのです。

身体を楽にしてくれる医療的ケアを行なう看護師は彼女と関わることも多く、心を寄せやすい存在でもありました。しかし看護師が傍にいられない状況も考えられます。大切な誰かを心のなかにもつことは不安を乗り越えるときに少し頑張れる要素になります。生活をしていくうえで一人から二人、三人と安心できる人を広げたいと思いました。

痰がこみ上げて辛いときには近くにいる職員が「大丈夫? 頑張って出せる?」と痰が出しやすい体位にして励ましました。そして、いっしょに痰を出すことができたときには身体が楽になった思いや喜びを分かち合うようにしました。看護師の動きを気にするように目で追っていく姿があり、林田さんの傍を離れるときには彼女に伝えてから離れること、近くにいる職員も「何かあったら教えてください」と彼女に相談するようにしました。看護師が離れても咳き込むことはありませんでしたが、看護師が戻ってきた

「○○さーん」。今日も仲間同士で笑顔のあいさつ。会話が広がります

とたんに排痰することもありました。安心した思いとともに出てきたようにも感じましたし、戻ってくるまでは「少し頑張っていよう」と林田さんが思っていたようにも見えました。

より多くの人と関わりがもてるようになり、体調だけでなく林田さんの気持ちに気づいて引き出そうとする場面が増えました。福祉職と医療職の互いの専門分野や個々の視点から見た林田さんについて意見をすり合わせ、そうしたことの重要性も確認しました。また、安心できる人の広がりから、さまざまな場面でも咳き込むことが少なくなり、林田さんの気持ちがたくましくなってきました。気持ちの面からの捉え方と身体の面からの捉え方、重心の方にとってこの両面からの支援の大切さを考える機会となりました。

■一瞬一瞬がかけがえのない時間、大切な時間作りのためにできること

重心の方は身体的に常にギリギリの線で生活を送っています。家族やときには医療機関との連携をとりながら、本

人の状態を把握し、常に敏感に感じ取っていく必要があります。医療的なケアや体調の把握といった健康面の食事や姿勢などの身体的な介助の面でも、快適に過ごせることなどを本人と相談することで気持ちの共有もできます。また、その場だけでなく今後の生活に大きく影響してきます。本人が日常を過ごすために必要な手助けは、生活の支援の一部だと考えています。身体にゆとりができた分、気持ちの面でもゆとりが生まれてきますし、気持ちにゆとりがもてることで身体も余力ができてきます。そして、生活のリズムが整ってくると日中の覚醒レベルも上がり、お互いに共有する時間が増えていきます。

重心の方にとって外に出ることは、緊張感があり必ずしも快適な時間ばかりではないのかもしれません。ですが、適度な緊張や刺激が生活のなかでハリをもたせ、生きる意欲の向上にもつながっていくのだと思います。仕事や療育的な活動を通して、直接的にも間接的にも人や社会とつながっていることも人生のハリになっています。また、他の利用者や職員にとって重心の方が通ってくることで、刺激を受け、逆に元気を分けてもらっていることに気がつきました。

別の利用者の話になります。彼も体調を崩してときには入院の必要もありますが、二〇歳を過ぎて現在も地域のなかで暮らしている姿は、他の重心の子どもをもつ家族から「希望の星」と言われている話を聞きました。施設に通うことは本人だけでなく周りの人にも影響をあたえています。

しかし悲しい別れの時がやってきました。だからこそ思うことがあります。彼女自身がどんなふうに生きてきたかの過程は重要ではありますが、林田さんのことをわかり始め、まだこれからともに過ごしていくなかでいろいろな表情や様子を見せてくれたであろう可能性や、今までの支援のなかでもっとできたことがあったのではないだろうかと、振り返り考えていると心に悔いが感じられます。たぶん彼女に関わったすべての人が何らかの後悔を感じていると思います。別れは突然にやってくるときもあります。誰しも限りのある時間だからこそ、ともに生きる一瞬一瞬がかけがえのない時間であり、その大切な時間のためにできることを考えてゆくことの重要性をあらためて教えてもらいました。

毎日を積み重ねてきた成果として、コラボでの宿泊研修や退院したあとに、父母も別便で同行した県外への日帰り旅行の経験は、職員や家族ともに大切な思い出となりました。林田さんの家族に会って話をする機会では思い出話や近況の様子を語り合うなかで、職員が家族から元気を分けてもらっています。彼女が残してくれた大切な絆です。いぶきのなかで初めて医療的なケアを必要とする林田さんとの出逢いのなかで生まれてきた人や心の「わ」はこれからも大切にしていきたいと思います。

3　余暇とは何だろう
――休日の開所（余暇支援）の事例から

■余暇の支援を行なううえで大切にしてきたこと

週末、一人でまたは家族と過ごすことが多かった利用者が、休日の余暇を皆とともに過ごすことの意義。そして、仕事だけでは見られない姿についてふれたいと思います。

二〇〇三年度四月よりスタートしたコラボいぶき（以下、コラボと略す）の初年度テーマは「ホットな空間作り」でした。「ほっと」くつろいでリラックスでき、「ホット」で心も身体も温まる入浴、アクティブに気持ちが熱くなれたりする時間を提供していきたいという思いから設定されました。

開所当初、平日にいぶき福祉会の施設に通所している方の利用希望は私たちの予想以上に多く集まりました。誰しも初めての場所には不安を感じます。普段とは別の空間や時間の流れ、集団での利用になるため、利用契約はするものの利用は見合わせていく方が多いと思っていました。本人や家族の休日に対するニーズの高さもありますが、同じいぶき福祉会の運営している事業であるという点や見知っている職員がコラボに異動になり支援を行なっている、という安心感も大きいようでした。もちろん、すべての利用者のことを全員が知っているわけではありません。職員チームでは日課の作り方とともに利用者の情報の共有を大切にしました。

デイサービスでできることは何だろう、余暇とは何だろうと、職員も利用者も探りながらのスタートとなりまし

●コラボの一日の流れ（土曜）2007年度現在

9:30	開所、送迎車到着
	バイタルチェック（体温、血圧）　全員の体調の確認
9:45	朝の打ち合わせ（あいさつ、一日の流れの説明、自己紹介）
	入浴（最高４組まで）
10:20	活動（外出／リラクゼーション）
12:00	昼食
12:40	喫茶タイム　コーヒー、紅茶など食後の一杯（自由参加）
13:20	活動（クッキング、創作、おどり、季節の行事、映画鑑賞など）
14:30	ティータイム（水分補給）
15:00	帰りの打ち合わせ（一日の振り返り、次回への要望など）
15:30	送迎車への乗り込み開始
15:45	送迎車出発、帰宅

た。作業という決まった活動をする場所ではなく、入浴できる場所、自由に楽しく過ごす場所という漠然としたイメージでした。そして、さまざまな思いをもった方が利用するため、楽しみ方や過ごし方もまたいろいろです。しかし皆共通して言えることは「人と楽しくすごしたい」、「生活の楽しみを増やしたい」、「安心できる場所を広げたい」だと思いました。

■利用者自身の思いを尊重する

デイサービス事業は利用者からの希望がなくては人が集まってこず、継続した支援も行なえません。

継続して利用してもらうためには、「また来たい」と思ってもらうこと、それにはどこか一つの場面でも楽しんでもらいたいと思いました。また、せっかく来てくれたからには「楽しんでもらわなければ……」という使命感のようなものもありました。このような職員の思いが先行してしまい空回りしたこともあります。なかには「楽しんでもらえたら」と準備した活動も集団づくりや進行がうまくいかずに、雰囲気がバタバタとして終えてしまった苦い経験もあります。

はじめ、外出は車に乗り、ほぼ全員で出かけていきました。広い公園へと出かけていくなかで外出への期待感がある人、車の振動を感じてドライブを楽しむ人、解放的な空気を感じながら木陰でゆったりと過ごしたい人、アクティブに動きたい人など外出だけでさまざまな要求があることを感じました。集団作りとして利用者間をつないでいく役割があることも考える機会となりました。

日課づくりは職員間で個々の利用者に対してのイメージを共有して、体制も含めて検討や確認を行なっていきました。余暇は他人から強制されるものでも、ましてや与えられるものでもありません。家で家族や一人で過ごすのではなく、休日に外で過ごすという場所を提案するつもりでコラボでの過ごし方を再検討していきました。「やらなければならない」ものでもなく自分たちで選び創っていくものとして、活動への参加の基本は自由とし、利用者自身が選んで決めた思いを尊重するようにしました。

■楽しさが増す集団での活動

しかし、選択できる材料として提示する活動の内容は「やってみたい」と思える工夫を行なっていく必要があります。雰囲気作りや集団作り、わかりやすく具体的な説明、空間の使い方、内容の継続性など計画や実行する段階での工夫次第でより深い内容になってきます。個々にも対応していきますが、集団で行なうことでより楽しさが増すのは確実です。コラボの休日利用は利用するたびに集団が違います。月に数回の利用頻度ではありますが、徐々に受け容れて馴染んでいき、コラボで出会った利用者同士のつながりも新しくできてきました。活動を少し離れたところから眺めて踏み切れない人もいます。その思いを受け止めながら、まずは楽しそうな皆の様子をいっしょに感じてもらったり、少し自信のある部分に携われるように誘いかけたりしています。少しずつ感じていく手ごたえをきっかけに楽しみを増やしていければと思っています。

また、朝と帰りの打ち合わせ以外は集団から少し離れて自分のペースで過ごす人もいます。直接活動に携わっていなくても、空間や時間をともにすることで見て聞いて感じる過ごし方も大切にしたいです。安らげる空間を作り、提供することも余暇支援のあり方の一つだと感じています。広いマットスペースで枕やタオルケットを使って横になる利用者も増えてきました。そんなときは職員も混じって、いっしょに寝転がってリラックスの雰囲気を演出します。「周囲の人がくつろいでいるから大丈夫」と、また他の利用者が休みたいときにゆったりとできる場にもなっています。

■広がる笑顔の連鎖

余暇の支援は生活のなかにも深く関係していきます。余暇を過ごす場所があることで、出かける楽しみができます。少し違った日常を過ごすことで、家族や職場、利用者のあいだでの話題のひとつにもなっていきます。利用時や利用日以外に出会うと「次は○日に利用です。よろしくお願いします」と声をかけられます。逆に「こちらこそお願いします」や「△日にお待ちしています」と伝えることで疲れていても仕事に向かおうとする気持ちが湧き出てくる人もいます。また次回の利用までに楽しみな予定のひとつとして、生活のハリになればと思っています。本人はもちろん、その周囲にも笑顔の連鎖が広がっていくことに余暇支援の意義を感じています。

■地域社会に出かけて影響しあう

コラボの利用時に事前に何をするのかわかるように、月の予定表を作成して提示しています。たとえば、クッキングが利用日にあたるときにはエプロンを持参して意気込みを感じさせてくれる方もいます。月や年間の活動案は職員も計画的に支援の準備をするためでもあります。少しずつではありますが、利用者からの「こんなことがやりたい」との希望が返ってくるようになってきました。人を通して、物を通して世界が広がっていくのだと思います。

地域で活動する取り組みの一つとして、毎年デイキャンプを計画しています。二〇〇七年度で五回目となり回を重ねてきた利用者も多く、バーベキューを食べる楽しみや自然とふれあい人と関わる楽しみの見通しができてきました。

また、協力してくれる学生ボランティアも心に余裕ができたようです。初めての参加では見えていなかった周りの様子が、積み重ねのなかで手ごたえを感じて見ることができたとの感想をいただきました。コラボでのボランティア活動が彼自身の成長の糧の一つになれたことを嬉しく感じました。キャンプ場のスタッフも毎年暖かく迎えていただいています。施設のなかで利用者のみに目を向けがちですが、今後の社会福祉をより良いものにしていくために、地域社会に出かけて影響しあうことも大切なことです。

利用者や家族の思いなど多種多様なニーズの利用者が混在するなかで、どのような支援を行なっていくのかが課題となっていました。まずはニーズをしっかりと把握して整理していくこと。さまざまなニーズに応えていくために、活動の内容、ボランティアの育成、入浴、送迎体制などを整理していくことが今後も常に必要となります。社会資源の一つとしての特色を出していく「うり」となるものを提示することで、まだ地域のなかに埋もれている可能性のある方への人や物、そしてチャンスとの出会いのきっかけになればと思っています。

■参考文献

＊細渕富雄著「重症児の発達の見方と指導」『みんなのねがい』二〇〇六年七月号
＊実幸会いらはら診療所共著・日本生活介護共著『改訂版あなたが始めるデイサービス——誰でもわかる設立から運営まで』雲母書房、二〇〇三年
＊高橋史子ほか著『デイサービスセンターの今日と明日　新訂版』一橋出版、二〇〇一年
＊ＡＪＵ自立の家編著『地域で生きる　自立をめざす重度障害者の自分史から』中央法規出版、二〇〇一年

2　ともに考え、つくりあげていくこと
――中川さんの事例を通じて

原　哲治・永田和樹

1　「ぼくの　はいる　さぎょうしょを　つくるために　おかねをください」

これは中川友晴さんがある集会で、いぶきの法人化のための寄付の訴えをしたとき、トーキングエイド（ボタンを押すと音声がでる道具）を使って訴えた言葉です。

中川さんは、脳性小児麻痺の障害があり、療育手帳A1、身障手帳一級、障害程度区分6、現在三〇歳の男性です。彼が高等部に入った頃、身体と知的に障害がある重度・重複の障害のある子ども達は、養護学校高等部を卒業した後、受け皿となる施設がなく、在宅で過ごす以外に居場所がありませんでした。そんなときに、『どんな重い障害のある人も地域で豊かに暮らすことを目指す』という理念をもついぶきのことを知り、法人化運動に加わることになりました。作業所作りの運動は高等部卒業後の彼の居場所をつくるためにどうしても必要だったのです。

彼の寄付の訴えは、まだ作業所がどんな所なのか、ぼん

やりとしかイメージできていなかったのかもしれませんが、「養護学校を卒業したあと、友達と過ごせる場所が欲しい」という思いのこもったメッセージでした。

中川さんがいぶきに通うようになって一二年が過ぎました。この一二年間の彼といぶきの支援を振り返っていきたいと思います。

2　「いぶきに　いかない」

一九九五年四月、それまでの運動が実を結び、いぶきは新たに認可施設としてスタートしました。この年、彼は高等部三年生に進級するはずの年でしたが、卒業後には行き場がなくなってしまうかもしれないという不安から、高等部を二年で中退し、いぶきへ通い始めました。

いぶきに通い始めると、好きな職員・行事などもあり、楽しみをもって通うことができていました。いぶきでの仕事は紙袋のもち手の部分の紐を通す仕事でした。身体に障害がある彼にとって少し難しい仕事ですが、集中してやれば何とかできる仕事です。そして何より、養護学校時代の仲間がいっしょにいることがうれしかったようです。しかし、その一方で、ふとしたきっかけで、急に大声を出す、仲間の髪をつかむ、ガラスをたたく、道路に向かって這い出すなど、力いっぱい暴れることがありました。彼は幼少の頃から、自分の思いが伝わらないと、このように力任せに行動することがありました。四肢に麻痺はありますが、体が大きく、力も強いため、彼が暴れだすと、周囲にとても大きな影響がありました。また、彼には血小板減少症という病気があり、怪我をすると血が止まりにくいため、とくに受傷は避けなければならないのですが、本人はそんなことお構いなしに暴れます。これらのことがあり、彼が暴れだすことについて、家族をはじめ周囲の人たちはその対応に苦慮していたようです。

彼は暴れながらもトーキングエイドを使って自分の思いを訴えていました。それを見ると、養護学校を中退したことへの反発、急な環境の変化への不安や不満の行動ではないかと読み取ることができました。いぶきの設立運動では寄付の訴えをしたこともある彼ですが、心のどこかで「なぜ高等部を中退しなければならないのか」納得できない思いがあったようです。自分の言葉や身振りがきちんと理解してもらえないなか、当初は「いぶきに入所させられた」と思っていたようです。

こうした状況が続くと、そのうち自分の作業室を出て行って、玄関近くの廊下で過ごすようになってしまいました。お客さんが好きな彼にとって、玄関前の廊下はお気に入りの場所になりましたが、職員の目は届きにくくなり、彼がどこの作業室に所属しているか、本人にも周りの仲間にも曖昧になってしまいました。来客者の靴を隠したり、水槽に放り込んだりして喜ぶというひどいイタズラも出て、周囲から注意されることがどんどん増えていってしまったのです。

いぶきでの生活が二年目になっても、彼の生活はほとんど変わらず、玄関近くの廊下で大音量のラジカセを聞いて過ごし、日課も他の仲間からずれたままでした。ところが、そんな彼の態度に他の仲間たちが思いがけない行動に出るようになりました。いつもおとなしくしている仲間がラジカセをうるさいとばかりに何度も外に持ち出したのです。他の仲間も批判の声を上げるようになりました。このことについて仲間のなかで話し合う機会をもちました。仲間からは、ラジカセの音量、仲間に襲いかかること、いたずら電話、非常ボタンを押すことなど、次々と彼の行動に対する批判が出ました。「もうそんなことはしないで」と約束を迫られました。そんな仲間からの批判に、彼は暴れることもできず、ただ「ウー」と返事をするだけでした。その話し合いのあと、強いショックを受けたため、「いぶきに いかない」と休もうとする日が続きますが、それでも仲間たちは話し合いで決めた約束を譲ることはありませんでした。

今まで自分の思いだけで行動していた彼が、他の人の気持ちを知らされることになりました。そして、自分の思いだけでなく、周りの人たちの気持ちを考えて行動するように少しずつ変わっていったのです。新しく入ってきた仲間に、「いいおとのほうが いいやろ」とラジカセを持ってきて音楽を聴かせてあげたり、大きな音が苦手な仲間のことを気遣ってあげたりする姿も見られるようになりました。職員はそういった仲間たちとのやり取りのなかで、彼が対等な仲間として認められれば、批判や励ましを受け止めようとする力をもっていることを教えられました。また、彼の行動を変えた仲間集団の力の大きさを実感させられたのでした。

3　「ぼくには　ともだちが　いない」

いぶきに通い始めて五年目の一九九九年四月にいぶきの二番目の認可施設である第二いぶきが開所しました。この年、彼にとって、とても大きな事件が起きました。

これまで養護学校へ通う前からさらにいぶきに入ってからもずっといっしょに過ごしていた仲間数名が、そろって第二いぶきに異動してしまったのです。さらに職員も施設間の異動があり、大好きだった職員とも離れてしまうことになりました。このことは彼にとって養護学校を中退し、いぶきに入所したこと以上に衝撃的な出来事でした。

「ぼくには　ともだちが　いない」

再び集団のなかで過ごすことが難しくなりました。前の担当職員や学校時代からの仲間にこだわり、新しい担当職員は頑として受け入れず、近づいただけで暴れていました。当然、彼が口にする希望はいつも「いぶきには友達がいない。僕も第二いぶきにいきたい」ということでした。この彼の希望についてどう応えていくのか、職員と家族はともに悩みました。

当時、第二いぶきは開所時に定員が埋まっていて、四月に仲間の異動を知った彼が異動を希望しても受け入れることはできなかったのです。さらに、地理的な問題もありました。彼にとっては第二いぶきは、いぶきに通うことに比べ四～五倍の時間が必要だったのです。送迎バスもありましたが、朝の出勤時間が他の仲間よりも遅く、不安定だった彼には、決まった時間に決まった場所まで行かなければならない送迎バスの利用は困難でした。また、自家用車での送迎中にも車内で暴れることがあった彼を、長い時間かけて送迎することは家族として不安がありました。これらのことがあり、彼に第二いぶきの利用は難しいのではないかと周囲の人たちは考えていました。

また、彼が口にする希望は確かに「第二いぶきにいきたい」でした。しかし、知的障害のある方の場合、自分の気持ちを適切に表現することが難しい場合もあるのです。そのようなときには、落ち着いて自分の思いを整理できるように、ゆっくりと関わっていく支援が必要です。彼の場合もそうでした。彼の本当の希望は「これまでと変わらない場所で、同じ人たちと活動したい」ということだったのです。これでは第二いぶきに異動してしまっても彼の希望は一〇〇%の形では叶えられず、同じように「やめたい」と暴れることが容易に予想されました。

この、彼の「変わらない環境」という希望は、生活経験の少なさが原因となっていました。生活経験の少なさから、不慣れな「新しい環境」への不安が強く、安心できる「過去の環境」に固執してしまうのです。彼の将来のことを考えると、「同じ環境を保ち続けることが、果たして本当に彼のためになるのだろうか。障害があるからといって、いつまでも狭い人間関係を維持していこうとすることは、本人の自立を妨げてしまうのではないだろうか」と職員は、悩みました。

結果、彼の「第二いぶきにいきたい」という思いに対して、職員、家族とともに話し合ってだした方針は「いぶきを彼が居場所として感じられる環境にして、そのなかで新しい友達をつくっていく」というものでした。特定の人や環境だけでなく、新しい人や環境を受け入れる力をつけることが必要だと考えたからです。

4 「あのひとは　ぼくには　あわない」

それから、新しい集団のなかで過ごしていけるようにするための支援が始まりました。はじめは、以前から彼が知っている職員が近くについて過ごし、みんなと同じ机でなく、少し離れての仕事でした。いつもその職員に近くにいて欲しいという彼の思いは強く、それまで一人で行なっていた作業も、その職員といっしょでなければ取り組めなくなっていました。少しでもその職員が離れたり、違う職員が近くに来たりすると怒って暴れる日が続きました。激しく暴れ、一日のほとんどを暴れて過ごす日もありました。しかし、そんな彼に対し、あえて新しい担当職員とも接する機会をつくっていったのです。

近づいては暴れるというぶつかり合いの日々は続きました。彼の不安定な気持ちはいぶきにいるあいだだけではなく家に帰ってからも続きました。新しく担当になった職員の名前を挙げ、「あの人は僕には合わないいぶきにいかない第二へ行く」と言いながら家族に対して暴れるのです。「この子は新しい人が来るといつもこうですから……前の担当の人に慣れるまでも同じでしたよ」とお母さんは言ってくれました。しかし、体も大きく力も強い彼が暴れると、その対応をするお母さんの体はどんどん傷ついていきました。それを見るたびに職員は「本当に家族に苦労を強いたまま、いぶきで自分が対応していっていいのだろうか？　これから新しい人間関係を受け入れていくことができるのだろうか」と不安をもちました。また家族も、彼がいぶきでも家庭でも落ち着かず、他の仲間や職員も傷つけてしまいかねない様子に、「家にもいぶきにも居場所がない。いぶきに迷惑をかけるだけではないだろうか」と不安をもっていました。

このように、それぞれ不安を抱えながらの取り組みは続きました。それでも毎日、いぶきでの様子、家庭での様子を伝え合いました。「彼の状況を共有する」という彼の生活を支える土台をまず職員と家族でつくったのです。暴れたこと、物を壊したこと、誰かを傷つけたことなど家族にしてみれば、話すことも聞くことも辛いことがたくさんあったに違いありません。それでも、「新しい環境を受け入れられるように」という共通の願いを確認しあっていきました。

作業以外にも、昼休み、外出の取り組み、行事、宿泊訓練などさまざまな状況で新しい担当職員と関わっていきました。彼は普段と違った環境での活動は苦手だったので、活動の説明を聞いたときには「参加する」と答えるのですが、いざ始めようとすると、暴れながら活動から離れていっていました。それに対して、なぜ参加できなかったのか、何が嫌だったのか、何がわからなかったのか、どうすればよかったのかを職員と話し合いました。彼はトーキングエイドや身振りを使ってとても必死に訴えかけてきました。その表情には怒りだけではなく不安や寂しさなど、きっと自分では整理しきれないさまざまな願いが表れていたと思います。彼が暴れると職員も傷だらけになっていきました。それでも何度も何度も、断片的にでも彼の話を聞き、言いたいことを理解し、気持ちを整理して、こちらの思いを伝えていくうちに、少しずつ新しい担当職員とも関係がとれるようになってきたのです。

新しい担当職員と関係がとれるようになってくると、特定の職員とばかり行なっていた仕事を新しい担当職員とも行なえるようにはなりました。しかし、それではただ「お気に入り」の職員が入れ替わっただけであり、彼の集団や友達に対する意識は変わらず、担当職員が再び異動になってしまえば同じことを繰り返してしまいます。そのため「職員と一対一の関係で安定していくのではなく、集団のなかで彼が居場所を感じられること」の大切さをあらためて考えました。

5 「いぶきに つれてこい」

当時、彼が他の仲間から離れて仕事をしていたのは、お気に入りの職員とラジカセだけの世界に入りやすく、落ち着きやすいということがありましたが、それとともに、他の仲間への配慮がありました。どうしても彼が突発的に暴れてしまうため、近くに仲間がいると危険が及びます。仲間たちも彼を「暴れる人・怖い人」という印象をもってしまっていました。そんな雰囲気を変えていくことから始めました。

まずは作業室の机の配置を、他の仲間の近くで安全に作業できるように変更しました。他の仲間たちにも机の配置を変更することを説明し、職員はどこに座るのか、みんながどこに座るのかを話しました。彼が近くに来ることで、それまで見ることができなかった彼の作業の様子を他の仲間が知ることができるようにし、また、彼もそれまで職員だけを見て作業していた状態から、他の仲間の動きや声を知ることができるようにしたのです。

すると、まず動き出したのは、いぶきが小規模作業所の頃から通っている、少し年上の仲間でした。彼が常に職員といっしょに仕事をしている様子を見て、「職員とばっかり仕事していてはだめ。甘えてはいけないよ。なんなら私といっしょにやる？」と声をかけたのです。いっしょに作業をするのはまだ難しいのではないかと職員は考えましたが、意外にも彼の答えは「やってみる」というものでした。職員に言われてもなかなか変えられなかった彼の仕事

今日はクラブの日。何を作っているのかな

の様子がこのことをきっかけに少しずつ変わっていきました。

「今日はどっちといっしょに仕事する?」と聞かれると少し考えていっしょに作業する相手を自分で選びました。職員が選ばれるとその仲間は「今日は職員とかぁ、明日は私だよ」と残念そうに声をかけます。それを聞くと「それはわからないなぁ」とでも言うように彼も身振りと笑顔で答えていました。仲間といっしょに作業する時間も増えてくると、そのなかで仲間は何度も彼に「一人でもやりなよ」と声をかけていたので、彼もそれに応えて一日数枚程度でしたが一人で仕事をする時間も作っていきました。自分で決めて頑張ったことや、「今日は一人で頑張れたね」という仲間からの言葉かけがうれしかったようで、ますますやる気になっていきました。彼の頑張りが、特定の職員とだけではなく、本人、職員、仲間、保護者で共感し認められる環境ができていったのです。

こうして、仲間との関わりができ始めると、彼からも他の仲間に対しての働きかけが出てくるようになりました。自分よりもあとにいぶきに入った仲間たちが作業中に遊んでしまう様子を見て「だめだろう」と声を出したり、いっしょに散歩に出かけたときに疲れてしまった仲間を車イスに乗せてあげたりする姿が見られるようになりました。車イスに乗せてもらった仲間は「ありがとね」と微笑みながら声をかけてくれます。最初、彼はお礼の声をかけられてもあまり気にしていない様子でしたが、散歩に出かけるときに「今日はいっしょに行かなくてもいいのか？」と気にしてくれるようになっていきました。彼本来の、人懐っこい性格、世話好きな性格がよく出ていたと思います。

仲間といっしょに活動することには危険もあり、職員は常に近くにいて、冷や冷やする場面も何度もありました。しかしながら、集団のなかで過ごす彼を見ると、対等な仲間として認められることの大切さを感じます。彼が激しく暴れると、周りの仲間も一歩引いてしまう面がありました。そうなることでさらに彼もみんなから距離を取り、集団を受け入れられなくなっていったのではないかと思います。彼の「友達がいない」という思いは「認めてもらっていない、認められたい」、そう願い暴れていたのです。いぶきの集団で認められたことが実感できると、自分が「第二いぶきに行く」から友達を「いぶきに連れて来い」という主張に変わってきました。彼の所属意識に変化があったのだと思います。

そして、この頃、彼の「養護学校時代の友達と活動したい」という思いは、いぶきでも第二いぶきでもないところで叶うことになりました。二〇〇三年にデイサービスセンターのコラボいぶきが開所し、いぶきが休みの土日に月一、二回利用することになったのです。そこではいぶきの仲間も、第二いぶきの仲間もいっしょに活動しています。毎回必ずいっしょになれるとは限りませんが、楽しみにしている様子はよくわかりました。当初、家族と職員は知らない職員やボランティアさんがたくさんいるなかで、楽しく過ごすことができるのだろうかと心配しました。しかし、結果としては、多少暴れることはありましたが、この新しい人との出会いを受け入れることができたのです。この、新しい人との出会いを受け入れていけたという事実は、本人にとっても家族にとっても非常に大きな出来事でした。そして、コラボいぶきが生活介護に事業移行した今も、楽しく活動し、人間関係や生活の幅を広げていっています。

6 「……やすむ」

二〇〇五年、再び職員の異動があり、担当職員が代わりました。しかし、以前のような大きな戸惑いはなく、穏やかに担当職員の交代を受け止めることができました。仕事にも一人で取り組み、自らも一日五〇枚、次の年は一日八〇枚など目標を出し、意欲的に取り組めるようになりました。この頃には仲間からも職員からも「ひどく暴れる人」という印象は薄れていっていました。

安定して生活できるように変わってきた彼ですが、それでもやはり調子の波があり、調子の悪い時期は、何か思い出して突然暴れることはありました。トーキングエイドを使って話を聞くと、出てくるのは過去の出来事が多く直前の状況とはまったく関係のないことばかりでした。今の不満だけでなく、かなり昔のことも目の前の出来事のように思い出し、頭が混乱してしまうということがあるのです。これまで彼が暴れる原因は、仲間と離れてしまったことの不満など、自分の思いどおりにいかなかったことへの反発であると捉えていました。しかし、それらの不満や反発が徐々に解消されていくなかで、過去の出来事がフラッシュバックしてしまうという別の原因も見えてくるようになったのです。

そこで、彼に対し二つの方針を立てました。一つは当時通っていた精神科の病院にいぶきや家庭で暴れてしまう状況をしっかりと伝え、適切な服薬をしていくこと。もう一つは、自分自身で気持ちを調整する力を身につけ、自分を抑え、落ち着いて気持ちを伝えられるように支援するということでした。

服薬の面では、調整は難しく、効きすぎて眠ってばかりになってしまったり、ほとんど効かない状態になってしまったりしていました。過去にも薬が効きすぎてしまい本人が嫌がったという経緯もあって、家族にはできるだけ精神安定剤は使いたくないという思いがありました。そこで、不安定になってしまう時期をしっかり見極め、薬の量や種類を相談し、そのときの状態に合わせて服薬するようにしていきました。

自分の気持ちを調整するという面では、大暴れしそうなときにマットを敷いておき、何かを思い出して自分で気持ちを抑えられないときは、マットの上で横になって休憩し、気分転換をすすめるようにしました。だんだん自分でも、気持ちが落ち着かないことに気がつき、自分から「休む」と伝えられるようになりました。彼が自分で気持ちを切り替えるには時間もかかりました。しかし、そうやって自分から休みを入れながらも、自分自身の気持ちを調整していくことは、彼にとって大切なことです。それが、誰かに決められるのではなく、自分の気持ちを知り自らを変えていく力になるのです。そのため、ときには時間がかかっても「待つ」支援が必要なのです。

こうして、安定して過ごせる日が多くなってくることで、仲間との関わりを楽しむ余裕や、集団のなかで自分の役割をもち、それを意識して過ごすことがより増えていったのです。

7　将来を思い…、自らを変えていくこと…

いぶきでの一二年間の実践は、彼や家族とともに居場所をつくり、守っていくことだったのではないかと思います。「そこにいるだけ」という場所ではなく、そこには、安心して過ごせる環境と自分の気持ちを受け止め・認めてくれる人間関係が必要です。それを土台として、生活の幅を広げ、人間関係を豊かなものにしてきました。

そして、彼のこれからの居場所を思うと、家族から離れて生活していく場について考えていかなければなりません。家族と離れて暮らすということは、昔からの友達と離れること以上に彼にとって辛いことになります。このことについて家族は大きな不安を抱えています。子どもの頃、入院施設を利用したときに、気持ちが不安定になり、他の利用者とトラブルを起こしたり、夜間の徘徊、飛び出しなどの問題行動を起こしたりして、ひどく苦情を言われたことがあったのです。そのため、現在でもなかなかショートステイなどを利用することに踏み出せずに悩んでいます。

将来のために、本人にとっても家族にとっても、辛く不安な決断をしなければなりません。

彼はこれまで自分の居場所を自分で選択することができませんでした。いぶきに入るときも、本当は養護学校高等部を卒業したかったのではないかと思います。第二いぶきができたときも仲間といっしょに第二いぶきに通えれば、また違った生活があったかもしれません。しかし、実際は受け皿になる施設が少ないなどの現実の壁にあたり、彼の気持ちよりも居場所を何とか確保することを優先せざるを得ない状況でした。彼の将来を考えるとき、この「優先せざるを得ない状況」は何も変わっていないのではないかと思います。たとえば、家族の突然の入院などのきっかけで本人の意思とは無関係に施設入所をしなければならなくなるような事態も考えられます。

＊　＊　＊

二〇〇六年から障害者自立支援法（以下、「自立支援法」と略）が施行されました。この制度は、これからの彼の「自立」を文字どおり支援してくれる制度なのでしょうか。

自立支援法では利用者は施設と契約を交わし、サービスを受けます。そして施設のサービスを利用するのに原則一割の利用料の自己負担が必要になりました。施設を利用するたび一日ごとに負担が増えていきます。措置制度のときと違い、自立支援法は自分で契約する施設を選ぶことができるといわれています。しかし、施設のサービスは質・量ともに不足していて、サービスを希望しても、すぐに利用できる施設は少なく、自由に施設のサービスを選べるような状況ではありません。実際、彼が入所施設を希望しても、施設はどこも定員一杯で何年も空きを待たなければなりません。現在、いぶき福祉会にケアホームはありますが、入所施設はありません。施設整備や職員配置が十分にできない今のケアホームの制度では、身体にも重い障害のある方を受け入れることは非常に困難なのが現実です。

このような状況では、利用者が施設を選択するのではなく、施設が希望する利用者を選別するという状況が生まれかねません。施設が利用者を選別してしまうような状況ができてしまうと、以前、彼が入所施設を利用したときのように苦情を言われてしまったり、場合によっては利用を敬遠されてしまったりするようなことも考えられます。そのような人を受けとめる場合は、施設として十分な対応ができるよう職員を配置し、気持ちが落ち着けるように支援をしなければならないのですが、経営状況の厳しい現在の施設にはそのような職員を配置する体制がとれないのです。本来、困難を抱えた弱い立場の人ほど、より多くの支援を必要とするはずではないでしょうか。逆に福祉のサービスが受けづらくなってしまうのでは本末転倒です。

また、「契約を交わしてサービスを受ける」、「受けたサービスに応じて利用料を払う」という自立支援法の考え方は福祉を「商品化」しているといえます。そのなかで、施設と利用者の関係は「事業所とお客様」の部分が強調されているように思います。これまでの中川さんと家族、職員のあり方を振り返ると、つねに『ともに考え、同じ目的をもって、協力して取り組む』姿がありました。彼の生活や福祉をより豊かなものにしたいと考えたとき、事業者は利用者や家族を「お客様として大切にする」のではなく、彼と家族がその生活や将来についてしっかりと向き合い、考えられるように福祉の専門性をもって助言、提案をしていかなければなりません。そこでは、喜びだけではなく、苦しみをも共有のものとして『ともに考え、同じ目的をもって、協力して取り組む』ことが絶対に欠かせないのです。自立支援法の施行は、彼の自立を支援するよりも、むしろ阻害してしまう不安を強くしたように感じられます。私たち職員は、彼が将来に向けて、いつまでも家族と暮らせるわけではないという現実を受け止め、自分なりに将来の生活を思い描けるように支援していきたいと考えています。

「自分の望む将来の生活を考えて、そこに向けて、よりよい自分に変わっていける」、それが「自立していく」ということなのではないでしょうか。そのために、本人と家族、職員といっしょに彼の将来についてしっかりと向き合い、いっしょに考えていきたいと思います。そして、多くの人たちが安心して将来について考えることができる、本当の意味で障害のある方の自立を支える制度の充実を願っています。

＊本論では、職員間と話し合い、あえて「暴れる」という言葉を使いました。

3　仲間とともに暮らす――ホームでの生活を通して

河合真紀

1　はじめに

「ただいま！」夕方になると、一日の仕事を終えたみんながホーム（ケアホーム）に帰ってきます。

第二いぶきで働く六二歳の有村さん。毎日表情豊かに帰ってきます。一生懸命仕事をした日には真剣な顔で仕事の内容を、楽しい取り組みがあった日は笑顔でその内容を、誰かとけんかして帰ってきた日は怒った顔でお説教を、身振り手振りをいっぱい使って話しながら帰ってきます。有村さんといつもいっしょに帰ってくる杉戸さんは三一歳。彼も第二いぶきで働いています。杉戸さんは、お給料日の帰り道はとてもご機嫌です。その日は、お給料から一五〇円を使って、帰り道にある自動販売機で大好きなコーラを買って飲むことができるからです。本当においしそうに飲みます。「今月もいっぱい働いたんだねぇ…お疲れ様！」と自然に労をねぎらう声が出てしまうほど、充実した表情で一気飲みです。いぶきで働く四四歳の辻田さんはいぶきで働き始めて二〇年のベテランです。毎日「仕事がいっぱいあってよかった！　今日もいっぱい働いた！」と、満足そうに話してくれます。

ほかにも「今日も働いた、疲れたぁ」と帰ってくる人、

「おなかすいた、今日の夕ご飯は?」と世話人のそばから離れない人、仕事をせずにいて怒られたと泣いて反省している人…とみんなそれぞれです。充実した日中を過ごした満足感と、いろいろな思いと、少しの疲れをもって、みんななホームに帰ってきます。ホームではいっしょにご飯を食べたり、テレビを見たり、話をしたり、自分の部屋でくつろいだりとおもいおもいに過ごして、また次の日に元気に仕事に出掛けて行きます。

いぶき福祉会にとって一つ目のホーム、「しまホーム」ができたのは二〇〇〇年四月。二〇〇二年四月には「さぎやまホーム」が、二〇〇四年一二月には「さぎやま第二ホーム」ができ、二〇〇七年現在三つの家に四名ずつ、合わせて一二名の方が暮らしています。ホームの暮らしで変わってきたみんなの様子と、その暮らしの支援について、そしてこれからの課題についてまとめてみます。

2　ホームでの暮らしが始まるまで

いぶき福祉会がホームを始めた経緯は、そのときに暮らす場が必要だった方がみえたということ、そして法人として暮らしの場をもっていなかったため、今後の支援の必要性を考えてのことでした。

さまざまな議論を経て始まったホームでしたが、開所時に入居希望者が定員人数そろっていませんでした。自宅での生活から、ホームでの生活に移るには、いろいろな課題があるからです。本人にとってはどんな暮らしをしたいかを、自分で選ぶことは難しいことですし、今の家からなぜ出て行かなければならないのかということが理解できません。また家族は「自分が元気なうちは自分で面倒をみたい」という思いが強くあります。また、本人にとっても家族にとっても、どうしても家賃や食費、水光熱費といった金銭的な負担が大きくて踏み出せなかったりします。ですから、将来家族がいっしょに暮らせなくなっても、本人が安心して暮らせるようになってほしいから……という思いで入居を決める家庭もありましたが、お母さんの急病だとか、家族介護の限界という理由での入居決定も多くありました。

ホームがあったから、利用者に家族介護の変化があった

●いぶき福祉会のホームについて●

＊**事業所数**２（住居数としては３）　すべてケアホーム
＊**入居者**　12名　男性８名、女性４名
＊**日中の場**…　一般就労１名　旧法通所授産８名　生活介護２名　小規模作業所１名

＊**年 齢**

20～29(歳)	30～39	40～49	50～59	60～69	70～
2	1	3	3	2	1

＊**障害程度区分**

区分１	区分２	区分３	区分４	区分５	区分６
0	3	1	4	4	0

＊**障害手帳保持状況**

療育手帳	Ａ	Ａ１	Ａ２	Ｂ１	Ｂ２	身障手帳	２級	３級	４級
	4	3	1	3	1		1	2	1

＊**生活の流れ**（平日）

6:30　起床・洗面
7:00　朝食
7:30　食器片付け・清掃・洗濯・出勤準備
8:00～8:40　出勤
9:00～9:30　世話人退勤
16:00　世話人出勤
16:30　入居者帰宅・休憩・入浴・洗濯
18:30　夕食
19:00　団欒・入浴
21:00～22:00　自室・消灯（世話人宿直）

とき、本人の生活を大きく変えることなく支援を継続できました。それはよかったと思います。けれども理想を言えば、家族が本当に元気で、余裕があるうちにホームでの暮らしを始められるほうが良いと思います。ご両親のどちらかに介護が必要になる場合があります。ご兄弟がいらっしゃっても、ご兄弟にも家庭がありますし、また本人さんと同様に歳を重ねていきますので、年々、介護が難しくなっていきます。本人にとっては、何かあったとき、つらいときに帰ることのできる家があるということ、そしてそこに家族がいるということは、暮らしを変えるための大きな力になります。家族にとっても、余裕をもって支えることができると思います。いぶきのホームで暮らしている皆さんは家族がいます。ほとんどの方が、お盆やお正月に家族がいる帰省する家があって、そこで過ごすことを楽しみにしています。

3　ホームの暮らしのなかで

はじめは本人にとっても、支援する側にとっても不安の多いホームではありましたが、暮らしが始まって「良かったな」と思えることが多くありました。

■ホームと通所施設の共同支援で安定した生活に
――事例1　有村さんの場合

有村さんは六二歳のダウン症の男性です。ホームから生活介護事業所「コラボいぶき」へ通所し、週末は家庭で過ごしています。

ホームで暮らし初めた頃、生活のリズムが少しくずれてしまいました。彼はホームのメンバーのなかでは最年長です。弟がいっぱいできたような感覚だったと思います。話を聞いてくれる若い世話人もいます。世話好きでお話好きな彼は、みんなにいろいろ教えてあげたいし、日中過ごしているコラボいぶきであったことや休日のことを伝えたいし……と、みんなとの関わりに一生懸命で、夜遅くまで起きていることがありました。またコラボいぶきでは、ゆったりとした取り組みがもたれているので、疲れたら昼寝をすることもよくありました。そのため夕方帰ってきたときに、また元気いっぱいになっていたということもあります。そして夜遅くまで頑張ってしまって、次の日また昼寝、という彼にとって負担がかかる生活になってしまいました。

有村さん自身がみんなとの暮らしに慣れていったのと、支援する側がコラボいぶきとホームとで様子を共有して働きかけていくことで、次第に安定した生活を送られるようになってきました。そのことにより彼はさまざまな力を発揮していきました。彼のことをよく知らなかった周りの職員は、彼が見通しをもつ力が弱いと思い、次の行動に移る前に動作をして見せたり、物を見せたりして、一生懸命伝えようとしていました。けれども気がついたら、彼は生活の流れを自分のものにしていただけではなく、いっしょに暮らす仲間たちに教えるほどになっていました。朝にはバスに乗っていく時間が来るから準備しなさい、とか、ご飯を食べ終わったら流しに持っていきなさい、とか伝えるのです。「ほれ、はよ（早く）、バス来るで」と話しかけたり、物を指差したりして一生懸命伝えます。ときには少し怒り口調で、面倒をみている、というような感じです。実際、彼は面倒見がよく、飲み物を飲むときは自分の分だけでなく、必ず他の人の分も持ってきてくれます。誰かが落ち込んでいるとやさしく頭をなで、声をかけて励ましてくれます。みんなも有村さんに言われたらやるしかないか、という様子で教えられた人も動いています。彼の人徳のなせる業でしょう。

はじめのうちは何が話したいのか、わからないことがほとんどでしたが、伝える言葉や方法も増えてきました。新しいことをしたときや、外出でいつもと違うことをしたときには、言葉だけではなく、「いいか？　見とれよ」と、身振り手振りを使って伝えてくれます。食があまり進まない気分のときは、ご飯をよそうときに「少し」と、手も使って伝えることができます。一番、記憶と言葉がつながっていることがはっきりわかったのは、ホームで牛乳を切らしていた次の日にコラボいぶきで世話人の姿を見て、「牛乳なかったなぁ」と思い出して、残念そうに話したときのことです。コラボいぶきの職員も、生活感たっぷりのその発言に驚いたそうです。

有村さんの話でわからないことがあるとき、有村さんが話したくなるような出来事が起こったときには連絡ノートや電話で情報交換をしています。有村さん自身が伝わる方法を工夫してくれているのと同時に、支援する側も連絡を取って、本人のことを確認しあっているので伝わりやすくなったと思います。

■仲間が生活の流れをつくってくれて
──事例2　杉戸さんの場合

杉戸さんは三一歳、自閉症の男性です。こだわりが強く、生活のリズムを作るのが難しい方です。仕事は紙袋の紐通しの仕事を中心に行なっています。働き出したころは、何種類もある紐の種類のうち一種類しかできませんでした。職員がどれだけ働きかけても変えられなかったのですが、ある日、他の仲間がやっているのをじっと見て、違う種類の紐通しもできるようになりました。周りの人をあまり気にしていないように思われていましたが、自分の身近な人のことは本当によく見ていて、誰よりも影響を受けやすい人だとわかってきました。家族が仕事に出かけないと、杉戸さんも出かけられなかったり、家で何かあると外に出られなかったりということもありました。家族を大切に思い、なかでもお母さんのことは大好きです。

そんな彼がホームに入ったときは、まず生活リズムをもってもらうことが課題になっていました。切り替えがうまくいかないと、本当に動けなくなってしまいます。言葉で何でも伝えようとすると、混乱しますし、言葉をかけてもらえるまで、まるっきり動けなくなってしまうこともあります。ですから、はじめのうちは彼が仕事に通う第二いぶきの職員に作ってもらった、「歯をみがきます」「バスに乗ります」「お風呂に入ります」と書いた紙を提示して、行動を促していました。また周りの人や、人の行動の変化に敏感なので、曜日で固定されている世話人がお休みで交代するときは、第二いぶきにいるときから、杉戸さんに伝えてもらいました。朝、いっしょに暮らす仲間がいつもと違う行動をすると、気になって切り替えられなくなります。そのため杉戸さんと出勤日や時間の違う仲間には、杉戸さんが出かけるまでは部屋に隠れていてもらったり、外出を早めてもらったりもしました。

けれども、しばらくするうちに安定した生活ができるようになり紙は必要がなくなってきました。彼のホームの利

仕事がおわって、ホームでゆっくり。仲間たちとこたつで団欒のひととき

用は、仕事が終わって、また次の日に出勤する日（通常の週なら月曜の夕方から金曜の朝まで）です。ですから、毎日、決まった生活になります。帰ってきて、施設との連絡ノートを出して、おやつを食べて、パズルや刺繍といった趣味をやって、夕ご飯を食べて、歯磨きをして、お風呂に入って、寝て、朝準備をして、ご飯を食べて、歯を磨いて、CDを聞いて出かける、といった流れです。同じ毎日、というのは彼にとって安心できるようでした。またいっしょに暮らしているみんなも同じような生活をしていたからわかりやすかったのでしょう。とくに有村さんは仕事の行き帰りも同じです。世話人が促して動かなくても、有村さんの一言なら動けることがあります。杉戸さんにとって有村さんは生活の流れをつくってくれる人であり、有村さんにとって杉戸さんは、指導する後輩のような、生きがいのような存在になっているように見えます。

そんな有村さんとの関係もあってでしょうか。言葉でのコミュニケーションが苦手な杉戸さんが、いろいろな言葉を話すようになったり、指示待ち以外の言葉がけを期待したりするようになってきました。欲しい物がなくても、それを言葉にすることが苦手でしたが、「あらへん（ない）」という有村さんの言葉を真似してか、「〇〇あらへん」と伝えられるようになりました。世話人が他の仲間につきっきりだと、大きな声をあげます。世話人同士がこっそり話をしていても声をあげます。「ごめん、ごめん杉戸さん」と話しかけると、うれしそうな、ほっとしたような顔をして落ち着きます。「杉戸さんのことじゃないよ、~さんのお薬の話だよ」と、内容を説明すると落ち着きます。以前は、大きな声をあげるときは調子が悪いときで、言葉で説明しても落ち着くことはありませんでした。このごろは、気を引きたくて、何かを確認したくて、でもそれを表現する言葉がなくて声をあげているようです。

また彼が、同じ仲間との同じ生活に慣れてきて、みんなのことをよい意味であまり気にかけなくなってきました。変化が苦手な彼は、つねに周りのことに気を張っていました。その様子が薄くなってきて、のんびりとすごす姿を見せるようになりました。それを一番に感じたのが、夕方の居間でのうたた寝です。切り替えができずに寝不足だったり、薬の作用で眠かったりしても、暮らし初めたころは、もう今にも閉じそうな目をしながらも体を起こしていましたが、慣れてくるにつれて、趣味の手を休めて横になって眠るようになりました。はじめは人が動くと、すぐ起き上がっていましたが、そのうちチラリと薄目で見て、顔を見ると、そのまま眠るようになりました。彼にとって、くつろげるホームであると感じることができ、とてもうれしいことでした。また自分の持ち物にこだわりのある彼にとって、自分の個室に他人が入ることはすごく苦手でした。部屋に入ると、すぐ横にぴったりとくっついて、何一つ触らせようとしませんでした。それがホームの職員に慣れて、洗濯物を取ってくるとか、押入れのものを確認するとかと、説明するだけで「いいよ」と任せることもできるようになりました。安心してもらえているということは、とてもうれしいことですし、杉戸さんにとっても気楽なことだと思います。

＊　＊　＊

他のみんなも、いろいろな力を見せています。小さな集団ではありますが、集団生活をすることで生活のリズムを整えることができた人がいます。夜遅くまでテレビを見ていたり、好きなときに食べたりしていた人がみんなとの暮らしのなかで、仕事の前の日は早く寝て昼間は仕事をがんばれるようになりました。規則正しい生活のおかげで、少しやせて体も動かしやすくなりました。みんなの話しているることや、やっていることを見聞きしているうちに、やりたいことや言葉、できることが増えた人もいます。いっしょに暮らす人への仲間意識も強くなりました。ある日いぶきの事務室の湯のみがホームにありました。一人の方がこっそり持って帰ってしまったのですが、それは自分がほしいからではなくて、ホームに新しく入った方の専用の湯飲みがないことに気が付いて、準備してあげたとのことでした。黙って持っていってしまったことは悪いことですが、仲間への心遣いはすごいと思います。他にも帰省時に雨が降りはじめたからと家族の洗濯物をとりこんだ方や、家族の絵を描いて見せた方など、家で暮らしていたときには見せなかった姿を見せることができるようになって家族を喜ばせている人もいます。世話人の支援でつけた力もありますが、いっしょに暮らす仲間の姿を見て、自然につけていった力もあります。いっしょに暮らすホームだからこそのことでしょう。

支援する職員集団にとっても、ホームの存在には意義があります。いぶき福祉会の施設は、ホーム以外は日中活動の場です。ほとんどの職員が、利用者の一日の二四時間のうちの七時間程度、平日の昼間にしか関わりません。どうしても関わっている時間のなかだけで、利用者のことを捉えようとしたり、考えようとしたりすることになります。ホームは二四時間三六五日の生活です。日中活動の場の時間の短さと、その時間の大切さを知ることができます。一人の人間と暮らしの場から働く場まで関わりあい、影響し合えるのは、非常に貴重な経験になっています。また家族の思いを少し理解できるようなこともあります。家族から「施設に預かってもらっているから、言いたいことが言えない」という話を聞きますが、ホームの担当をしていて、自分も同じような思いをしました。ヘルパー利用をしている方に、もう少しやって欲しいことがあってもなかなか言えないのです。余計なことを言って、その方が嫌われたら、と思ってしまって言えませんでした。ほんの些細なことですが、施設職員としてこんな思いを感じられるのも、大きな経験になっていくと思います。

4 障害者自立支援法の下での課題

みんなが力をつけている様子や、家族のお話、また支援する側にとっても「ホームがあってよかったな」と感じられることは多くあります。でも、残念ながら、ホームでの支援が充分であるとはいえません。今の支援体制では、もっと重度の方が入ってこられたときに充分な対応ができません。年々、高齢化してきて通院が多くなってきている仲間たちを、いつまで支援できるかも見通しがもてていません。とくにいぶき福祉会の場合、バックアップ施設が通所施設です。ホームの暮らしは二四時間三六五日。多くの方が福祉会内の施設に昼間は通っているため、その施設職員と連携がとれますし、通院などの支援は通所職員もバックアップしています。けれども、時間の長い夜間、休日にはバックアップ施設は無人です。緊急時の対応は担当者の携帯電話が頼りになってきます。緊急時の対応が充分できないこともあります。

そして、障害者自立支援法（以下、「自立支援法」と略）によって、入居者にとっても、事業所にとっても、この暮らしの場を守ることがとても困難な状況になってきています。

まず、入居者の生活が厳しくなりました。自立支援法による自己負担の増額で手元には本当にわずかしか残りません。個別減免で利用料は減額されても、それまで自己負担ではなかった通所施設の食費負担が大きくかかってきます。二級年金の人の場合、年金のほとんどをホームの家賃や水光熱費、食費、通所施設の食費と交通費で使い果たしてしまいます。施設の工賃がその人の自由にできるお金になります（**表1**参照）。

収入合計七万四八〇八円−支出合計六万八三六〇円＝六四四八円。このなかから、衣服、嗜好品、理美容代を出さなければなりません。この方は若い女性です。お菓子が好きだし、洋服やCDも買いたい。わずかなお金をこつこつと貯めてやりくりしていますが、とても豊かな暮らしだとは言えません。

もともとの「グループホーム」は、一般就労している方

表1　２級年金受給の方の月の収支状況

収支	２級年金　66,008円				工賃8,800円
	収入合計　74,808円				
支出	ホームの生活費			通所施設（22日出勤）	
	家賃 20,000円	食費 20,000円	水光熱費・他 20,000円	食費 6,160円	交通費 2,200円
	支出合計　68,360円				

表2　障害程度区分と１日あたりの報酬単価（夜間支援体制加算を含む）

程度区分	1	2	3	4	5	6
１日の単価（円）	1,160または1,710	2,340	2,970	3,520	4,500	5,410

表3　いぶき福祉会のホームで世話人が常駐する時間数

	入居者がホームにいる時間帯	時間数	１週間の時間数	４週間の時間数
平日	6:30～9:30 16:00～22:00	９時間①	76時間 （①×５＋②×２）	304時間
休日	6:30～22:00	15.5時間②		

のためのものでした。住居と食事の提供がメインの仕事で、世話人は老夫婦がよい、と言われていました。それが「一般就労している」という条件がとられ、福祉就労（授産施設や小規模作業所などで働くこと）をしている人でも利用できるようになり、重度加算がつけられるようになりました。そして今回の自立支援法では、グループホームとケアホームにわかれ、障害程度区分が6といったような重症心身障害のある方でも利用できるもの、とされています。

けれども、そのホームの支援に支払われる額は、非常に低いものです（**表2参照**）。

たとえば、いぶき福祉会のホーム利用者一二名が、二八日間（四週間）、全員一日も帰省しないでホームで過ごしたとしても、収入は一一七万七九六〇円にしかなりません。日割り単価のため、帰省したり、入院したりすれば減っていく一方です。

この額から、世話人と生活支援員と、さらにはサービス管理責任者、という人件費を出さなければなりません。いぶき福祉会のホームで世話人が常駐する時間数は、**表3**のようになっています。

表４　障害程度区分による生活支援員の必要時間数

程度区分	1	2	3	4	5	6
生活支援員の必要人数	0	0	1/9	1/6	1/4	1/2.5

ホームによっては、世話人が食事時間のみ通ってきていたり、休日は不在だったりと、入居者の障害程度区分に必要な時間数だけ支援しているところもあるようですが、いぶき福祉会では、それでは安全な暮らしが守れないとの判断から、入居者がホームにいる時間帯すべてに世話人が常駐しています。夜間も宿直しています。また障害程度区分に応じた生活支援員の配置も必要です。障害程度区分による生活支援員の必要時間数は**表４**のようになっています。

たとえば障害程度区分５の人が四名いるホームでは、一名の生活支援員が必要という計算になります。いぶき福祉会の場合、障害程度区分３の方が一名、４の方が四名、５の方が四名ですので、全体でほぼ二名（一／九×一名＋一／六×四名＋一／四×四名＝一六／九名）の生活支援員が必要になってきます。週の労働時間が四〇時間ですので、一六／九×四〇時間×四週間＝二八四時間になります。

世話人は各住居にいますので、四週間の世話人と生活支援員の労働時間数は三〇四時間×三名＋二八四時間＝一一九六時間になります。収入の一一七万七九六〇円から宿直手当二七万七二〇〇円（三三〇〇円×二八泊×三名）を引いて、一一九六時間で割ると七五三円です。これでは正職員を雇用することはもちろん不可能ですし、この時給で働き続けてくれる人がいるでしょうか。さらに生活支援員にサービス管理責任者も必要となります。どこからこれだけの人件費が出てくるのでしょうか。岐阜県の最低賃金が六八五円（二〇〇七年一〇月一九日現在）です。今のまま運営しようとしたら、最低賃金を切ってしまいます。

自立支援法では、六名が一ユニットで、一〇分くらいに移動できる範囲内に五つのユニットがあれば運営できると考えているようです。実際、岐阜県内のいくつかの法人では、自立支援法が始まるのに合わせて入居者を増やしたホームがあります。そうしなければ、支援費制度のときと比較して、収入が減ってしまうからです。そのホームはアパートを借りて運営しているところですので、空き部屋を借りれば人を増やすことは可能です。けれども、いぶき福祉会のホームのように、一戸建ての家を借りている場合は、簡単に増やすことはできません。入居者四室と居間、世話人の宿直室を合わせた五DK以上の物件はなかなかありません。また四名でもちょっとした集団です。お互いに折り合いをつけなければならないところがあります。それを六名で暮らすというのはなかなか窮屈な生活だと思います。

日割り単価による影響を小さくするために、自立支援法が施行されてから、盆や正月の帰省日を短縮しました。以前は帰省すると「ホームがよい」と言い家族を困らせていた人だったのですが、実際に短くなってしまうと「家に帰らせてもらえへん」とつぶやいていました。せっかく自由に行き来できる家があって、家族がいるのに、不自由な思いをしてもらわなければなりません。

ホームで安心して暮らすためには、経済基盤がしっかりしていることと、充分な支援が受けられること。支援する側も安心して働き続けられるような、法制度になってほしいと思います。

5　ホームへの思い

ホームにはいろいろな人が見学にみえます。見学に来た方たちに「どんなホームの姿を目指していますか?」と質問されることがよくあります。いつも「くつろげるホーム」と答えています。ホームは家です。家はくつろぐ場所だと思います。家ではのんびり過ごしたい、と思うのが普通だと思います。職場で「あれしなさい、これしなさい、きちんとやりなさい、がんばりなさい」と言われて、ホームに帰っても「ちゃんとやりなさい」と言われる生活は、どう考えても辛いと思います。

ホームでの暮らしは、訓練ではありません。ある程度の集団生活のルールは作らないと、生活そのものが乱れてしまうので、暮らしのすべてを自分勝手にやっていいわけではありません。人にやってもらって当然、と思ってもらいたくないから「自分のことは自分でやってよ」と言うときもありますし、できることは自分でがんばってもらうこともあります。ルールのなかで、自分のペースで過ごせる、という安心感をもってもらいたいと思っています。

ホームができたばかりのころは、できることは自分で、やれる力を身につけてもらって……とはじめは考えていました。けれども、障害のあるなしにかかわらず、家に帰ってからなんでもきちんとやっている人がどれだけいるでしょうか。手抜きをすることもあれば、家族にやってもらうこともあるでしょう。ホームで暮らすみんなが、今からもっと力をつけて、誰かと結婚をしたり、一人暮らしをしたり、という姿が近い将来に見ることができるのなら、どんどん力をつけてほしいと思います。けれども、今のみんなにとってそれはとても難しい課題です。

本当はホームを見ていて、違和感を覚えることがあります。なぜ障害のある方は、共同生活をしなければならないのか、ということです。大人になっても自分だけの暮らしができません。結婚生活や一人暮らしが難しい人もいますし、またそれを支える公的な支援体制が充分にはありません。だからこそホームでの暮らしは、個人やプライバシーが守られる空間と配慮のあるホームで、自分がこのホームで大事にされている、ということを感じてもらえる暮らしを支援していきたいと思います。そして、毎日を安心して、素直に、のんびり暮らすことができるようになってもらいたいと思っています。

ホームでの生活、というと自立生活、と捉えることが多いようです。自立支援法の『自立』は、どうしても、人に迷惑をかけず、税金を使わず、静かに暮らすこと、に聞こえて仕方がないですが、もちろん違います。また『自立』というと、自分で何でもできること、と考えやすいですが、それにも違和感があります。『自立』というのは、自分自身が「こうしたい」とか「あれがやりたい」とか「あんなふうになりたい」という思いや考えをもてること、そしてそれを自分自身、一人でも構わないし、誰かに手伝ってもらいながらでも実現したり、理想に近づけたりするように、自分なりにがんばることだと考えています。そんなふうに自分たちのことを自分たちでつくっていくことのできるホームでありたいと思います。

【解説】
「いぶきにきてくれてありがとう」といえる実践を目指して

別府　哲

現在、障害のある人の教育、福祉は大きな曲がり角にきています。学校教育では、二〇〇七年度より特別支援教育がスタートし、福祉では、障害者自立支援法が実施されました。これは制度上の大きな転換であり、その問題点はこの本の第三章に詳しく述べられています。しかしそれは制度の問題にとどまらず、そこに含まれる教育そして福祉の実践内容に大きな変更を迫るものとなっています。そういう時代であるからこそ、障害のある人の教育、福祉で、何を大切にしなければいけないかが改めて問われる時代だと思うのです。以下ではこれに関して二つの点にしぼって、いぶきの実践を振り返り考えたいと思います。

Ⅰ　個別指導ではなく、仲間集団のなかでこそ育つ

(1)　個別指導と集団での取り組みを対立させる流れ

現在、教育や福祉では、個別での指導が重視される傾向が強まっています。その一例として、個々人の状態を

把握し指導目標と計画を作成する、特別支援教育でいう個別指導計画、福祉でいえば個別支援計画が挙げられます。仲間一人一人の理解と指導を丁寧に行なっていくという意味で、これ自体が否定されるべきものではありません。しかしそれが、教育・福祉も商品の売買と同じであり、自由な競争こそがよいものを生み出すとする新自由主義的な流れに位置づけられると、客観的に成果が評価しやすい、個人の行動や能力の向上のみを扱うものに変質させられやすいのも事実です。福祉でいえば、一般就労を目指すことがそこでの評価基準とされた場合、個人の仕事量の増大(たとえば、袋の紐を通す仕事を一日二〇袋できていた人が、一日一〇〇袋できるようになる)や、仲間に支えられながら仕事をするのでなく自分一人で仕事ができることなどが重視されることになります。そこでは、仕事の質(たとえば、仲間と協力して仕事ができるかどうか)は不問に付されるため、仕事に邪魔な余分な刺激がない環境である個別指導のほうが目標を達成しやすいという考えになりやすいのです。すなわち、個人を大切にすることが、集団での取り組みと対立するものとさせられ、個人の発達にとって集団は必要悪であるというとらえ方すら生み出されかねないのです。「〇〇療法」といった特定の障害支援の方法(その多くは個別指導を基本とする)を教条的にあつかうことが、それに拍車をかけている場合も少なくありません。

(2) 個人の発達の何を大切にするのか――「〇〇ができる」ではなく、人格的な豊かさを

しかしいぶきの実践は、集団が個人指導と対立する必要悪ではなく、逆に障害のある人の人間的価値を輝かせるために必ず必要であることを教えてくれます。

たとえば、「ともに考え、つくりあげていくこと――中川さんの事例を通じて」では、仲間や職員に対してひどい言葉を言うことがある中川さんが、職員と仲間集団のなかで自分をつくり変えていくプロセスが丁寧に描かれています。作業所で突然力任せに行動したり過度ないたずらを繰り返していた中川さんが、一二年後には、仲

間の「一人で（仕事を）やりなよ」という励ましに応えて仕事をしたり、散歩で疲れた仲間を車椅子に乗せる手伝いをする姿を生み出すようになります。これは、いぶきが、仲間の発達において、仕事の量という数量化しやすい面だけでなく、行動や態度の背景にある意欲や動機（何のためにそれをするのか）といった内面の質を大切にしていることをあらわしています。

「〇〇ができる」という能力や行動の発達を「タテ」の発達とした場合、それを家族のなかでしかできなかったことが仲間の集団のなかでもできる、自分でやっていたことを相手に対してやることもできる、といった、「できる」ことは同じでもその質と幅を広げていくことを「ヨコ」の発達と呼びます（適切な解説は、茂木〈二〇〇七〉にあります）。「ヨコ」の発達の一例は中川さんでいえば、職員の「指示」で仕事をしていたのが、職員ではなく仲間の「励まし」によって自分を励まし仕事ができるようになったこと、さらに指示されたり励まされる存在ではなく、自分から相手を励ますことができるようになっていく姿にあらわれています。これは、人格的な力を豊かに発達させている姿と言い換えることができるでしょう。この人格的な力の豊かな発達は、一人の大人との個別の関係だけでは育むことはできません。なぜなら、どんな重い障害があっても人は、自立のプロセスを歩み始める青年期以後、職員や家族に評価されるだけでなく、同じ働く仲間に評価されることにより強い喜びを感じるようになるからです。仕事を何のためにするのかといった意欲や動機づけを高めたり、その質を変えるさいには仲間の存在を欠かすことができないのでしょう。

中川さんがただ仕事を一定量こなすようにするだけなら、職員が一対一でついて個別に取り組んだほうが早く目標を達成できたかもしれません。しかし集団での取り組みで目指すものはそれとは違うという意味で重要なのです。

そして、集団での取り組みでこそ目指すことができる人格的な豊かさは、障害のある人にとって、働くことだけでなく、暮らしという生活全体（横の広がり）を考えた場合、さらに大きな意味をもちます。生活ホームでの有村さんは、同居の仲間を励まし教える力をもっていることが、ホームで生活する意欲の源になっていることを教えてくれます（「仲間とともに暮らす」第3節参照）。また青年期だけでなく、中年期・老年期まで含めたライフサイクル（縦の広がり）を考えた場合も、人格的な豊かさが生活の豊かさをもたらすという意味でその重要性は同じように指摘できます。障害のある人を上に引き上げるような視点ではなく、その人の立場にたって生活・ライフサイクルの質を考えるからこそみえてくる大切な視点がそこにはあると思うのです。

(3) なぜ集団が必要なのか
——自分を信頼するまなざしをもつ「もう一人の自分」を作り、共感的自己肯定感を育む

中川さんの実践では、職員や仲間がひどい言葉を言ったり力任せに行動する彼を腫れ物にさわるように接していた時期の後、仲間が話し合いをもち、彼に要求を毅然とつきつける場面があります。さらに暴れるのではないかと思われたその場面で中川さんは、逆にその要求を受けとめ落ち込みつつも頑張る姿をみせてくれました。ここでは十分書き込まれてはいませんが、仲間の要求は、「いいかげんにしろ」「迷惑だからやめろ」といった上から見下す目線での批判ではなかったのでしょう。そうであれば、中川さんとしても反発する気持ちしか感じなかったと思います。仲間の要求を曲がりなりにも受けとめたのは、その要求が、「同じ施設に通う仲間だから頑張ってほしい」「中川さんも頑張れる力があるのに、なぜそうするのか」という、対等な仲間ととらえるからこそ迫ってくる要求であることを本人が感じ取れたからだと思うのです。

ワロン（Wallon, 1983）という心理学者は、人は、四歳の発達をすぎるころより、自分のなかに「もう一人の自分」（「第二の自我」とか「内なる他者」ともいわれる）を誕生させるといいました。私たちも日常的に、考え

たり迷ったりするさいに、「早く家に帰りたいなあ」、「でもまだ仕事終わっていないし」、「この仕事今日終わらせないとあの人困るしなあ」、「もう少し頑張るか」、など、自分のなかで「もう一人の自分」と対話することがあります。この「もう一人の自分」は自然発生的に生まれるのではありません。「もう一人の自分」を「内なる他者」とも呼ぶことが示すように、その人の周りにいる他者の影響を強く受けて（内面化することで）形成されるものです。たとえば、周りにいる他者が自分を否定的にばかりとらえていると本人が感じていれば、「もう一人の自分」も自分を否定的に評価する存在になってしまいます。

中川さんの場合、職員が腫れ物をさわるように接していたさいには、職員自身にそういう意識がないとしても結果として、彼を「問題を起こす困った存在」ととらえる姿勢があったと思います。中川さんは、そこには他者の自分への否定的なまなざしを感じるしかなかったわけです。その結果その影響を受けた「もう一人の自分」も自分を否定的にみるものでしかなく、中川さんはそのまなざしにさらされ、いつもいらいらし、ちょっとしたことでその怒りが爆発しやすくなっていたのではないでしょうか。一方、仲間の批判は、対等な仲間として信頼するからこその批判でした。だからこそ、その影響を受けた「もう一人の自分」も自分を信頼する存在になったのではないかと思います。「もう一人の自分」が自分を信頼するからこそ励ますまなざしを向けることで、中川さん本人がそれに応えたいという思いをもつようになったと考えられるのです。

高垣（二〇〇四）は、何かが人よりできる能力をもつことで自分に自信をもつことを「競争的自己肯定感」とし、それに対し、何もできなくても自分がそこにいてよいと感じられる、自分を信頼できる感覚を「共感的自己肯定感」と呼びました。そして、現代は障害のある、なしに関わらず、この「共感的自己肯定感」を弱くさせられている時代ではないかと論じています。私は、自分に信頼のまなざしを向ける「もう一人の自分」を作ることが、ここでいう「共感的自己肯定感」の礎になるのではないかと思っています。障害のある人は、「〇〇ができない」とネガティブに評価される経験を人生の歴史で多くもち、またそういうまなざしにとても敏感な面をもっています。だからこそ、自分の存在を信頼し、自分が今・ここにいることを肯定的に受けとめられる感覚を意図的に育てることが必要であるし、とても大きな意味をもっていると感じるのです。

(4)「障害のある人に尋ねる」こと

それでは、こういった「もう一人の自分」はどのようにして形成されるのでしょうか。それを考えるさいには、「もう一人の自分」に大きな影響を与える他者、そのなかでもとくに青年期以後は、職員や家族などの大人より、同じ職場で働く仲間集団の質を検討することが必要になります。私はそこには、単なる仲間の自然発生的な成長ではなく、職員集団が意図的に行なっていった集団作りのプロセスが影響を与えると考えます。そしてその集団作りの核に、職員に代表される大人の、障害をもつ人一人一人の人間的願いを探る姿勢の存在があると思うのです。この人間的願いを探ることは、職員が「障害のある人に尋ねる」という共感的理解をつらぬくことで可能になります。茂木(二〇〇七)は、「子どもに尋ねる」という表現を使い、この意味を説明しています。これは、障害のある人が言ったことや行動したことのような表面にあらわれたことだけでなく、表情や態度、文脈から推測される「ことばにならないことば」を丁寧に読み取ること、そしてさらに、障害のある人の欲求を、その人の人間的願いを探ることを通して要求に高めることまで含んだものです。

職員は当初から、中川さんの力任せの行動や激しい言葉を問題ととらえず、本人の言葉の訴えを大切に聴きとることで、「なぜ学校を中退させたか」という怒りや不満を探り出します。しかしそれはあくまで、表面(ここでは言葉)にあらわれた欲求レベルの理解だったのだろうと思います。だから同じ欲求を繰り返し出されると、職員も「気持ちはわかるけどどうしようもない」「もういい加減にしてほしい」という気持ちにつながった可能性は否定できません。そのため、中川さんが一人で仕事をしていてもトラブルにならなければ見過ごす、腫れ物をさわるような対応になった一因だと思います。しかし、仲間の非難に対する中川さんの対応、第二いぶきが誕生したあとの本人の訴えの背景にある「ことばにならないことば」を探ることで、「対等な仲間がほしい」人間的な願いの存在を見つけ出していきます。そこには紆余曲折がありつつも、職員集団が「障害のある人に尋ねる」姿勢で粘り強く仲間の人間的願いを探っていったプロセスがあったと思うのです。

コラボいぶきでの、医療的ケアを必要とする重度の障害のある林田さんの実践も同じことを教えてくれます。職員は、林田さんが自ら出せるサインである目の動き、「ゴホリ」という咳き込み、小さな「はぁー」という声を手がかりに、彼女の気持ちを探っていきます。しかし、当初は職員自身医療的ケアのやり方自身が十分わからないため、結果として遠くから見守るだけでしかありませんでした。それがポジショニングの検証を行なうことなどを通して、「働きかけながらそれへの応答としてサインを読み取る」姿勢に変わっていきます。そしてそれを一人ではなく、職員集団で共有し話し合うことで多面的に深めていきます。

そのさい、職員は相手の気持ちを「思いこみでとらえていないか」と不安をもったことが記されています。自らが発するサインが弱く小さい場合、こういう不安は常にあります。しかし私たちは、あくまで客観的にとらえられる仲間の思いだけを取り上げるのでなく、大人の願いや思いこみも含みこんで主観的にとらえたものを取り上げるからこそ、教育の営みとなる側面をもっています。障害がない子どもの乳幼児期の発達では、たとえば親が、子どもが泣いたのを「おむつが濡れていやだったんだねえ」と「思いこみ」で解釈して代弁すること（アタッチメントの理論で、mind-mindednessと呼ぶ）の重要性が指摘されています。これは、あたかも子どもが意図をもって行動したかのように大人が理解する（たとえ客観的にはそうではないとしても）ことで初めて、子ども自身が行動の意味を学習していくプロセスがあると考えられるからです。

同じことは障害のある人に対してもあてはまると思います。仲間の内面をどのようにとらえるかは、とらえた内面の仮説を、それに基づいて仲間に働きかける実践を通して検証されることで確かなものにしていきます。あくまで仮説であることを忘れず、実践における仲間の応答を丁寧に吟味した検証は常に必要です。しかし、その内面の把握のさいには、現時点で確かめられる客観的なことに限定する必要はないと思います。まだ曖昧な主観的な「思いこみ」も大切にし、そして現時点だけでなく将来（働きかけの結果）の内面の変化をも見通しながらとらえていく姿勢が大切だと思うのです。竹澤（一九九二）は「大人の育ちに応じてしか子どもはみえない」といいました。そこに共通しているのは、障害のある人に関わる大人が、自分が行なっている子どもの理解を何度も問い直し吟味し直すこと自身の重要性です。「障害のある人に尋ねる」姿勢とは、そういうことを意味するのです。

Ⅱ　働くだけでなく、豊かな生活・余暇を作る

（1）　くつろげる時空間の保障

ここでは、3で生活の場としてのケアホームの実践、1では生活介護事業所の実践が出されています。障害のある仲間の発達をまるごと保障していくうえでは、働く場以外の、暮らしの場をどう作りどのような内容を保障するのかが重要になるためでしょう。

そのさい私たちは、暮らしや余暇の場を、働く場と同じ論理で考えてしまうことがあります。実際、Ⅰの（1）で述べたような新自由主義的流れのなかでは、生活の場の評価がこのようになることは少なくありません。しかしいぶきでは、そのなかで、「ホームでの暮らしは訓練ではない」という視点に立ち戻り、「くつろげるホーム」

を目指すようになったとあります。Ⅰで述べたことと関連しますが、「〇〇ができる」ことを最大の価値と考えそれを目指すのとは違うこの、施設の姿勢があらわれています。

いぶきのケアホームが目指すこと、それは「自分のペースで生活を作れる」、そして「素直にのんびり暮らすことができる」ことだとあります。「自由にさせればそんなことすぐにできる」と思われるかもしれません。しかし障害のある仲間だからこそ、周りのペースに自分の生活をすぐ乱され混乱したり、いつも集団では緊張して過ごさざるをえないことは少なくありません。実際、そういった混乱や不安が強い自閉症の特徴にもよるのでしょうが、杉戸さんは、見通しの違いに対する不安と過度の緊張で、ケアホームでは眠くても決して居眠りできませんでした。しかし、毎日同じ生活リズムを集団のなかで繰り返すことができるようにした職員の丁寧な配慮により、初めてケアホームで昼寝ができるようになった姿がえがかれています。その集団にいて気持ちがゆったりするからこそ、眠くなったら自然に身体を横たえることができる、そして居眠りできる。障害のある仲間には、これ自体がとても難しいことなのです。そしてそれを可能にする「ほっとできる」くつろげる生活の場が作れているからこそ、それを基盤として、そこでの生活上の必要な行動（たとえば洗濯などの役割、集団生活のルールを一定守る）や、ほかの仲間との気持ちの交流を行なうことなどができるのでしょう。生活上の必要な行動を「やらせる」のでなく、それを必要に応じてやれる前提が、「ほっとできる」生活の場の保障だと思うのです。

（2）余暇は「指導」「教える」ものではない

生活介護事業所での余暇も同じだと思います。近年、障害のある人の教育で余暇を「教える」ことの重要性が指摘されます。暮らしと同じように、障害のある人にとって、自然発生的に余暇を楽しむことは難しい場合があります。その意味では、大人の意図的な働きかけは必要でしょう。しかし、それは何かを「教える」ことや「与える」ことだといわれると、違和感をおぼえることが多いのも事実です。よく「楽しい余暇は翌日の仕事の鋭気を養うためにある」といわれたりもします。しかし、本当に「楽しかった」なら楽しいからこそそれにエネルギーをありったけ注ぎ込むでしょうし、そうすればその後疲れます。子どもの遊びはその代表例ですが、遊びは決して「明日の鋭気を養う」ためにやると考えてするものではなく、それそのものが「面白い」と感じるから遊ぶのでしょう。同じことが余暇にもいえると思うのです。

いぶきの生活介護事業所でも、最初は「楽しんでもらおう」とはりきってメニューを用意します。しかしそれがうまくいかず、次第に丁寧に活動を用意はするが、あとは自由に仲間自身が選ぶことを認めるように変わっていきます。そしてそこには、「何もやらない（選ばない）」ことも含め、職員全体がその意味を認めるように変わっていくのです。余暇は「安心して過ごせる場所を広げたい」「生活のなかでの楽しみを増やしたい」という願いをかなえる場だと考えたからでしょう。

そして、「くつろげる時空間」としての生活の場や、「何もやらないことも認めてくれる」余暇の場が、大人と仲間集団によって保障されることは、その人の人格的な豊かさを育むうえでとても大きな意味をもっていると考えられます。それは、そういった時空間を保障し共有してくれる大人と仲間が、障害をもつ人本人にとっては、Iで述べた「自分に信頼のまなざしを向ける」存在と映ると思うからです。働く場だけでなく暮らしや余暇の場を含んだ、複数の時空間でそういった他者集団に出会えることが、「自分に信頼のまなざしを向けるもう一人の自分」をより強く形作り、根の太い共感的自己肯定感を育てることを可能にすると考えられるのです。

（3） 依存（人とつながる）しながら自立する

右で述べたことは、障害のある人の自立概念のあり方についても一石を投じるものとなります。「〇〇ができる」能力や行動の向上を一義的な目標とする教育観・障害観は、自立とは「自分一人でできる」こととする見方を含んでいます。しかし、いぶきの実践は、「〇〇ができる」だけでなく、それを仲間集団とさまざまな形でつながりながらできる人格的な豊かさを大切にする姿勢があることを示してきました。そしてその背景には、自立は「人とつながりながら自立する」こととする考えがあることを強く感じます。私は、障害のある人が仲間集団とさまざまに関わる力を育むなかで、「自分に信頼のまなざしを向ける他者集団」に出会い、それを通して「自分に信頼のまなざしを向けるもう一人の自分」を形作る、それが共感的自己肯定感を育むことにつながると考えています。「〇〇ができる」ことで自分を高く評価する競争的自己肯定感は、たとえできることがあっても、いつ「〇〇ができない」立場に入れ替わるかわかりません。「〇〇ができる」ことにしがみつくことでかろうじて保たれる自己肯定感は、とても不安定です。だから結局、自分で判断したり考えたり、決断したりする自立がうまくいきません。それに対し共感的自己肯定感は、自分がそこにいてもいいという自己存在を信頼できる感覚です。できることに依存していないため、すぐ不安定になることはありません。本来の自立はそういった共感的自己肯定感によって成り立つと思うのです。

共感的自己肯定感は、自分に信頼のまなざしを向ける他者集団に依拠しています。そして自分に信頼のまなざしを向ける他者集団があるからこそ、困ったら相談できる、しんどいときにはそのしんどさを言える、そして他者の励ましを受けとめられる、そういった力を他者との関係のなかで育んでいくことができます。そのなかで、「他者集団とつながりながら（言い換えれば、依存しながら）自立」していくことができると考えられるのです。こういった力は、障害のある人が長期継続して就労するさいにとても重要であることが指摘されています。「自分一人でできる」という狭い自立概念ではなく、「依存（他者とつながる）しながら自立する」という深みと幅をもった自立概念で、実践を構築し検証することが求められているのではないでしょうか。

Ⅲ　おわりに――「いぶきにきてくれてありがとう」といえる実践を目指して

長く重症心身障害児教育に携わってきた三木裕和氏は、さまざまな病気や障害を抱えながら重症心身障害児が学校へ来ると「今日もきてくれてありがとう」という職員全体の雰囲気があったことを記しています。一方それに対し、たとえば問題行動の激しい自閉症児が登校早々にトラブルを起こすと、「なぜきたんだ！」と非難する多くの職員のまなざしが存在することにとてもギャップを感じたとあります（三木・小谷・奥住、二〇〇六）。じつは自閉症の子も、感覚過敏があってざわざわした皆の声がする教室がとても恐かったり、見通しがもちにくいため急な朝の予定の変更によって、その日の心のなかには激しい不安の嵐が吹いていたのかもしれません。そういった不安や恐さをかかえながら、それでも頑張って学校へ来ているのです。しかしその問題行動の激しさゆえ、「なぜまた学校へ来たの」とでも言いかねない否定的なまなざしを向けられることがあるのです。そしてその否定的なまなざしは、障害のある子どもの内面（ここで言えば激しい不安や恐れ）を大人がつかんでいないことを一因とします。ここでは例として自閉症を一例に挙げましたが、障害のある人すべてにおいて、そして学校教育だけでなく就学前も、そして卒業後の施設においても、同じことがいえると思います。

どの障害のある人も、さまざまな障害に起因する困難や苦しさ、そして生活やその人が背負ってきた歴史に内在する困難や苦しさを抱えながら精一杯生きています。しかし、それが問題行動の激しさによって覆い隠されてしまうことがあります。また、本人もその困難や苦しさを十分意識できないため、それを訴えることができず、違う形で表現したり（その一例がパニックなどの問題行動）することも少なくありません。そして一番大切になるのは、そういった指導が困難な状況であればあるほど、支援する側にある大人自身がその対応に追われ、障害のある人の内面の苦しさや思いが見えなくなっていくことが往々にしてあるということです。「いぶきにきてくれてありがとう」といえる実践というのは、この対極にあります。この言葉で表現するのは、支援する側の大人が、障害のある人の内面をその人に尋ねながら丁寧にさぐっていく実践ということです。そのなかで本人の苦しさや困難、あるいは喜びを支援する側がリアルにつかんでいくことができるからこそ、「そんな苦しさを抱えながらいぶきにきてくれてありがとう」と感じられるようになると思うのです。

「いぶきにきてくれてありがとう」といえる実践の質を構築していくこと、いぶきの実践はそこに挑戦しているのだと感じています。福祉の専門職を大切に育てることを阻害する制度の改悪がある現在だからこそ、この原点に何度も立ち返り、実践を積み上げていくことが、いっそう求められていることだと思うのです。

■参考文献

＊三木裕和・小谷裕美・奥住秀之著『自閉症児のココロ―教育、医療、心理学の視点から』クリエイツかもがわ、二〇〇六年
＊茂木俊彦著『障害児教育を考える』岩波書店、二〇〇七年
＊高垣忠一郎著『生きることと自己肯定感』新日本出版社、二〇〇四年
＊竹澤清著『子どもの真実に出会うとき』全国障害者問題研究会出版部、一九九二年
＊ワロン著（浜田寿美夫訳編）『身体・自我・社会』ミネルヴァ書房、一九八三年

仲間たちの声（前編）

構成・永田和樹

〈座談会出席者紹介〉

★大林春子さん（五六歳）……三三年間一般の企業に勤めた。いぶきの利用を始めて八年になり、両親とともに自宅で暮らしている。

★遠藤京子さん（三七歳）……九年間一般の企業に勤めた。いぶきの利用を始めて九年になり、母と二人でアパートで暮らしている。

★市田花子さん（三九歳）……いぶきの利用を始めるまでに、数か所の一般企業に勤めた。いぶきの利用を始めて二年になり、高校生になる息子と二人でアパートで暮らしている。

★町田直紀さん（三四歳）……高等部卒業後、他の福祉施設を二年間利用する。いぶきの法人化と同時に利用を開始する。現在はアパートで母と二人で暮らしている。

●四人はいぶきで主に製菓の仕事をしていて、月の給料は一万～二万円である。

＊最近の休日の過ごし方＊

大林　映画や買い物に行ったりする。お母さんと妹と三人で大阪の西郷輝彦の舞台を見に行ったこともある。私が四五年らいのファンだから。たまに一人でも行くこともあって夜行バスで東京に一人で見に行ったこともある。

遠藤　この前（二〇〇七年一二月）の三〇日には友達と二人で映画を見てきた。うずら（共同作業所）の友達とシティータワー43（＊1）に行ったこともある。六人でバスを使って行った。

町田　休みの日は一千～二千円もらって外に遊びに行く。昼ご飯をマックやカッパ寿司で食べるために使ったり、ゲームセンターで使ったりする。柳ヶ瀬のカラオケに一人で行くこともある。

＊給料について＊

遠藤　お給料のなかの六千～七千円くらいが月のお小遣い。残りは生活費でお母さんに渡す。お小遣いは足りてないけどしょうがないから我慢する。八千～九千円くらいあると、後もう一回映画が見に行けると思う。

大林　私も昔は三万くらい食費で家に入れていた、給料で一七万もらっていたから。今は無理だけど。

市田　洋服買ったり、かばんを買ったりして後は食費。月一回カッパ寿司に行く。息子と行くとたくさん食べるからテイクアウトしてくる。自分の月のお小遣いはとくに決めていない。

＊仕事について＊

市田　自分が作ったお菓子がバザーでお客さんに「おいしい」と言ってもらえると嬉しい。

大林　いぶきに福祉工場のような所になって欲しい。仕事をしていて一番楽しいのは……物を作ってお金に換わることが嬉しい。

町田　クッキー作りが楽しい。作るのが楽しい。バザーで売れるから。売れたらお金になる。

真剣です……。製菓の仕事は正確さと丁寧さが命。みんながおいしいと言ってくれるのが嬉しい

遠藤　クッキー作りが楽しい。商品の形になるときが嬉しい。

市田　一般就労は給料がいいけど……。人間関係が難しいし複雑だからもう一般就労はしたくない。

遠藤　人間関係が大変だから、一般就労はもうしたくないね。もう懲りちゃった。

大林　私も人間関係が難しいからもういい。いぶきは人間関係が良いからいい。八〇歳くらいまで元気に働きたい。

市田　下村さんや橋本さん（＊2）みたいに歳をとってもいぶきで働きたい。あの二人は良い歳のとり方をしている。あの二人みたいになりたい。

大林　もう少し働く時間を長くして欲しい。クラブとか遊びは少なくてもいい。

市田　私は時間を長くするのはパス。時間が短くてもお金になる仕事がしたい。

大林　かりんとう、クッキーもわさびもやるなら時間は長いほうがいい。そのぶんお給料がもらえるといい。

＊将来について＊

大林　一人暮らしは今すぐに始めてもいい。アパートとかよりもケアホームがいいかな。一人暮らしでやりたいことはとくに考えたことはないけど……。いつまでもお父さんやお母さんに迷惑をかけずに生活しないといけないから……。自立したいからかな。

遠藤　いつまでもお母さんも生きていないし、お兄ちゃんも面倒を見てくれないから。一人暮らしはできないからグループホームかな……。お勝手（台所仕事）ができないから。

市田　今はお惣菜とかあるからできなくても平気じゃないかな。

大林　お惣菜ばかり買っているとお金が足りない。

遠藤　栄養も偏るかな。

市田　自分の好きな物しか食べないとそうだね。

大林　世話人さんに料理を教えてもらえたらいい。

市田　ヘルパーさんとかに助けてもらっても一人暮らしできるかな。

大林　お金もかかるんじゃない。使えるの？

遠藤　勉強しないとわからないね……。

町田　僕は一人暮らしよりグループホームがいい。みんなと旅行に行きたい。一人暮らしは寂しいから嫌だ。

＊1　岐阜駅前に建設された四三階建の複合型マンション。一～二階に飲食店や雑貨店、最上階には展望台がある。

＊2　下村百恵さん（七一歳）と橋本千代さん（六一歳）。小規模作業所時代からいぶきを利用し、現在はケアホームを利用しながらいぶきで仕事をしている。

[第２章]

「いぶき」の歩んできた道
――権利としての障害者福祉を形あるものに

林　守男

みんなでいっしょに初詣。今年も一年がんばろう

1　いぶき前史――黎明期

京都府の北、日本三景のひとつ「天の橋立」を臨む日本海を「与謝の海」と呼びます。その地に一九七〇年「与謝の海養護学校」が設立されました。

以前は障害の重い子ども達にとって憲法第二六条によって規定されている、「教育権」が保障されている時代ではありませんでした。「就学適正委員会」により教育不可能という烙印を押され「就学猶予」「就学免除」という行政処分が行なわれていました。保護者は、本当は学校に通わせたい思いをもちながらも、教育委員会に出向き「猶予・免除」の書類を提出し、行政処分を申請し許可されるという屈辱的な手続きを強いられていたのです。

しかし一九六〇年代後半、障害の重い学齢期の子どもをもつ保護者や養護学校の教師たちが、学校・行政に働きかけ「どんなに重い障害がある児童も、一人ひとりの能力に応じた教育を受ける権利がある」を合言葉に、「全員就学運動」が起こりました。その運動の成果が与謝の海養護学校の創設です。与謝の海養護学校は「学校に生徒を合わせるのではなく、生徒に合わせた学校をつくる」を理念に「権利としての教育権」を形あるものにした学校です。

あるお母さんは、わが子が初めて学校に登校できるようになった朝、閉じこもり生活のストレスによって破れたふすまの穴に「学校教育法」と「憲法二六条」の書かれた紙を張り、涙が止まらなくなったといっています。

その後、「権利としての教育権」の運動が各地で巻き起こり、訪問教育を含め「障害児の義務教育全入制度」が施行され、一九七九年国民の権利であり国の義務である「義務教育制度」が完全実施されることになりました。

その運動は、さらに発展し養護学校に高等部を設置する運動にまで拡がりました。その結果「養護学校高等部全入」が現実のものとなり、九〇年代になって「障害者の教育を受ける権利」が実効性のあるものとなりました。

しかし、「高等部」を終了したあとの、働く場を含む進路は、まだまだ貧しい状態でした。当時、成人期障害者の生活の場は、「コロニー」と呼ばれる収容施設（定員が三〇〇～七〇〇名にもおよぶ入所施設）、数少ない民間社会福祉法人による「入所更生施設」、さらに医療的なケアが必要な重い障害のある方には「身体障害者療護施設」もしくは「入院」といった選択肢しかない時代でした。しかしそのような社会資源は偏在しており、かつ常に定員が満たされており、就職にいたらなかったほとんどの卒業生が「在宅生活」を余儀なくされていました。

重い障害のある方も当然「友達といっしょにいたい」「いっしょに働きたい」という願いをもっています。このような「あたり前の要求」が「権利としての福祉」の思想を後押しし、障害のある方の日中活動の場である日本独自の「共同作業所」という概念が生まれてきました。

そんななか、前述の「与謝の海養護学校」の運動とときを同じくして、愛知県名古屋市の南部で「共同作業所つくり運動」が起こりました。「どんな重い障害のある方にも働く場の保障を」の掛け声のもと、一九六九年「ゆたか共同作業所（愛知県名古屋市）」が生まれました。その後、七七年に「共同作業所全国連絡会（現称・きょうされん）」が組織され、「柱一本持ち寄って」の運動が共感をもって全国に波及していくわけですが、岐阜市でも同様に運動の一石が投じられました。

2　願いを形に、作業所つくり運動の時代――萌芽期

一九八一年初頭、隣県の「ゆたか共同作業所」を見学することで岐阜地区にも共同作業所がほしいという声が

あがり、障害児をもつ親、施設職員、養護学校教員などによる私的な学習会で、「希望するすべての障害者に働く場を保障し、労働を通じた豊かな発達を保障しよう」との声が高まりました。八三年六月に約六十余名の発起人による「岐阜地区に共同作業所を作る会（以下「作る会」と略）」が結成されました。会長には、ダウン症の障害がある息子さんをもつ竹中隆晟さんが就任しました。

しかし、お金も展望もないなか、常設作業所開設を目標にとりあえずリヤカーによる廃品回収を始めました。竹中隆晟さんはタクシー運転手としての勤務の合間、疲れた体に鞭打ち、「作る会ニュース」を配りながら活動しました。休日は作る会のメンバーも参加し、まさに「手弁当」の活動がしばらく続きました。会員による手作り品バザーなどによる開設資金作りの取り組み、岐阜放送の協力による「チャリティーテレソン」の放映、近隣より講師を招聘し学習会を開催するなどの学習・啓発・情宣活動を通じ、徐々に運動の輪が拡がっていきました。その間、公的施設を借用し関係者のボランティアによる「日曜作業所」が休日を利用し開設されました。八三年一月には「日曜作業所」の様子がテレビで放映され、多くの市民の反響を呼び、作業所開設の機運が盛り上がり、同年四月の「作る会総会」で年度内に常設作業所を開設することを確認しました。

3　法人認可運動の時代——形成期

「作る会」会員のご好意により、自宅兼工場の一階土間が提供され、大工さんなどのボランティアの援助を受けて作業所の体裁を整え、一九八四年四月「いぶき共同作業所（利用者五名・指導員一名）」がスタートしました。同年五月、指導員を二名体制にし、六月開所祝賀会を挙行、七月には岐阜市より「心身障害者小規模授産施設」として委託認定を受けることができました。

しかし劣悪な環境と職員の低賃金など、多くの問題を抱えた船出でした。その後岐阜市との粘り強い交渉を行ない、作業所運営の実体、岐阜市の委託認定事業としての実績が認められ、八七年四月旧岐阜市役所島支所の借用契約を岐阜市と結ぶことができました。

こうして「いぶき共同作業所」は、現在「いぶき」がある岐阜市島新町に移転することができました。その後「作る会」の活動が、将来の進路に不安を抱える障害者の親たちに共感を与え、利用者が一〇名を超え、八九年には一四名にもなりました。

九〇年秋に、指導員、親、教員のあいだで施設の狭さ、指導員の待遇改善、実践内容の充実などの点から、社会福祉法人化の話が持ち上がりました。また教職員組合の「岐阜県の障害児教育をよくする会」でも養護学校卒業後の進路、施設作りの問題が提起され、この二つの流れがつながり、「いぶき共同作業所」の法人化への機運が高まっていきました。

岐阜市内にはそれまで障害者施設を運営する民間社会福祉法人が存在せず、公立および外郭団体の社会福祉事業団を運営母体とした施設しかありませんでした。その功罪として「公的責任の明確化」「安定した施設運営」といった優れた点がある一方、「先進的な実践の蓄積」「障害者運動の拡がり」「障害者ニーズの掘り起こし」などに不十分な点があるのが現状でした。

その問題点を踏まえ、九一年六月にさまざまな分野の関係者が集い「作る会」を発展解消させた「いぶき福祉会設立準備会（以下「準備会」と略）」が発足しました。会長には人権擁護をライフワークとされている横山文夫弁護士が就任しました。発足総会では会の目的を「どんな重い障害を持った人も通える充実した法人施設作り」とし、いよいよ法人化への道筋が見えてきました。九二年四月になり、入所希望者が「いぶき共同作業所」の定員（一五名）を超えることが明らかになり、岐阜市長良福光にある廃業した料理店の二階に「第二いぶき共同作業所（利用者七名・指導員一名）」を急遽開所しました。

九二年一二月には、それまでの宣伝・調査・交渉の結果、法人施設建設予定地を私有地で確保することが困難な状況におちいりました。そこで改めて市有地の貸与を得るための活動を再開しました。前例のないこの交渉は困難を極めましたが、地元自治会の同意を得るとともに、九三年二月、当時の岐阜市長蒔田浩様のご好意とご協力により、現在「いぶき」の所在地の市有地無償貸与契約を締結することができました。

その結果を受け、その後のスケジュールが以下のように確定しました。九三年末までに自己資金四三〇〇万円の調達と法人認可申請書および施設設備整備協議書の提出、九四年八月着工、九五年三月竣工、同年四月開所です。

このなかで、自己資金四三〇〇万円の調達が大きな課題として残りました。九三年七月現在の「準備会」の資産は約一〇〇〇万円でした。残金三三〇〇万円を一二月まで残り六か月間で調達するという、壮大なプロジェクトが始まりました。「準備会」会員全員による友人知人への募金依頼はもとより、保護者・指導員による岐阜市および周辺の一〇〇を超える各種団体への訴え、とりわけ障害のある仲間の訴えは、深い感動を与えるものでした。これらの「準備会」会員の活動を受けて、各種団体および広範な市民が募金活動に加わり、運動が大きなうねりとなり拡がっていきました。

「準備会運営委員会」は毎週木曜日夜七時に開催され、深夜一時二時にいたるまで一週間の報告や次週までの個別目標設定などを行ないました。年末になるとさまざまな団体の忘年会でも訴え「カンパ」を募りました。また寒空の下、地域の中学校の生徒たちが自主的に橋の上で募金箱を持ち訴えていたことは、運営委員に勇気と感動を与えました。この精力的な活動により、最盛期には一週間の募金額が二〇〇万円を越えるほどの高まりを見せ、新聞、テレビ、ラジオなどのマスコミにも数多く取り上げられました。

継続的な運動を通じて九一年の「準備会」結成以来、七〇〇〇名以上の方の協力により、四三〇〇万円の自己資金目標を年度内に達成しました。協力者は北海道・沖縄・八丈島にまで及びました。九四年一月には、数百ページに及ぶパソコンで打ち出された寄付者名簿が添付された施設設備整備協議書が岐阜県に受理され、「いぶき」開所に向けた準備が滞りなく完了し、法人認可を待つこととなりました。

一九九四年六月二九日、待望の社会福祉法人認可を得、七月七日に初の理事会を開催し、法人登記を行ない、ここに「社会福祉法人いぶき福祉会」が誕生しました。同時に建設募金に協力いただいた七〇〇〇名の方に法人認可の報告と、お礼の手紙を送りました。そのさい「準備会」の解散に伴い「いぶき福祉会後援会」を発足させ、恒常的な支援組織を作ることやそのための会員を募っていることを伝えたところ、すぐに六〇〇名の会員が集まりました。

その後、施設建設の内示を受け建築工事が始まりました。仲間たちは時あるごとに、建設工事現場を訪れ「大きいね。私たちの作業所だよ」と話していました。

翌九五年四月に「いぶき（定員三〇名・職員一一名）」が誕生しました。開所式には六〇〇名もの協力者が集い、法人施設開所を祝いました。

敷地は「旧市役所島支所跡地」であることから、旧市街地の中心に位置しています。門扉もフェンスもなく地域の人たちは道路から作業の様子を見ることができます。また防災訓練や自治会の寄り合いに食堂を開放し、地域の公民館としての役割も担っています。無認可作業所時代より、地域の小学校の校庭を借用し開催している「いぶきふれあいまつり」には、三〇〇〇名近い地域の方たちが集い、老若男女を問わない交流の場となっています。

「法人認可は作業所つくりの一里塚」といわれます。この大運動は障害のある方やその関係者に共感をもって迎えられ、多くの入所希望者（養護学校在学者）が「未入所親の会」を組織し、次の一里塚に進む力を蓄えることになりました。

4　作業所拡大運動の時代——成長期

養護学校における教育費は、ごく大まかな計算で小学部入学から高等部卒業まで生徒一人当たり約一億円が拠出されています。月額に割り戻すと約七〇万円の教育費が費やされます。しかし卒業後「知的障害者通所授産施設」に通所した場合の「措置費」は一二万三〇〇〇円と六倍近い差があります。したがって養護学校在学中、三人の生徒に二人の教師が配置されていた状態が、卒業し作業所に入ったとたんに、利用者七・五人に対して職員一人の配置となります。このような状況のなか「いぶき」は養護学校からのスムースな移行を考え、国の職員配置基準を大幅に上回る職員配置を行ないました。利用者のニーズにあった職員配置を行なうために「いぶき福祉会」は開設以来「人件費率八〇%」ぎりぎりで運営を行なっています。このような予算配分ができるのも、幅広い募金運動により「無借金」で事業を開始することができたことが大きいといえます。

また養護学校には、毎年四月入学生と卒業生がいます。したがって年度ごとに多少の差はありますが、ある一定の生徒数が維持されることになります。しかしその卒業生を受け入れる作業所には卒業がありません。そのため常に定員が一杯で、需給関係が崩れています。現在養護学校に在籍中で、将来は「いぶき」に入所希望の「未入所親の会」は毎年拡大しています。したがって施設の開所と同時に、多数の入所希望者を抱えることとなりました。しかし施設の新築には「国庫協議」から開所まで最低三年はかかります。また土地と莫大な自己資金も必要です。

そんななかにあっても、「希望するすべての障害者に、働く場を」の理念の旗を高く掲げ、開所翌年度は措置費の対象外の利用者を、定員外の「実習生」として受け入れてきました。さらに将来の第二法人施設を展望しながら、岐阜市の単独施策である「無認可小規模作業所」を立ち上げることになりました。

二年後の一九九七年四月、岐阜市の南部に支援者の民家の一階を借り「うずら共同作業所（定員一二名・職員四名）」を開所しました。このときに、進行性の難病である筋ジストロフィー障害のある仲間を受け入れました。国立病院に併設されている「病弱児養護学校」の障害の重い卒業生の進路が、在宅または病院入院に限定されるのが当然のように思われていた時代に、「作業所」という選択肢が加わりました。養護学校の進路担当の先生は「さすがに作業所という進路は考えたことがなかった」と言われ、親さんは「この子が、働いてお金を稼ぐなんて、考えてもみなかった」とうれしそうに話されました。その後、毎年一人ずつ同じ障害のある方が入所しました。このことがとくに重度・重複の障害のある方や保護者たちに勇気と希望を与え、さらに「未入所親の会」が拡大していくことになりました。

この時期、岐阜市周辺の重度・重複障害のある方にとって、「いぶき」は希望のともしびとなりました。今まで養護学校高等部卒業後の見通しがもてなかった保護者の皆さんが仲間に加わってきました。「いぶき」は法律上「知的障害者通所授産施設」で、もともと重度・重複障害者を対象とはしていません。しかし「いぶき」は、重度・重複障害者の労働についても議論を重ね、少しずつですが給料も保障する実践に取り組んできましたが、「ハード」面でこれ以上受け止めるのは困難です。

『第二いぶき』を作ろう」。再び施設作り運動が始まりました。

法人認可運動のときとは異なった問題も出てきました。「いつまで作業所作り運動を続けるの」「やたらに拡大するよりも、実践の内容を深めてほしい」など、すでに入所している親さんからのつぶやきが聞こえてきます。

また「私たちは法人認可のときにがんばったのだから、これから入る人でやってほしい」「重度の人ばかり集めると、一人当たりの手が薄くなるのではないか」「法人認可のときに私は一生懸命やったのに、何にも運動していない親がちゃっかり入ってきている。第二施設作りはそれらの方にお願いしたい」「障害の重い人の施設は障害の重い人がそれなりの負担をしてくれないとこまる」などの意見もでました。

そのような方には以下のような話をしました。文頭の与謝の海養護の話をして、「障害者運動は、過去の人の拓いた道を歩みつつ、将来の人が歩む道を拓く運動です。昔は夢であったことが現在では当たり前になっています。現在夢のようなことを過去の人が当たり前のこととして享受できる社会を作る運動です」。「一般社会で障害による差別や偏見を受けている現状に憤りを覚える人たちが、力を合わせて作った施設がいぶきです。そのいぶきのなかで障害の軽重や家庭環境の違いで差別するなら、いぶきの存在すら否定する自己矛盾に陥ることになります」と話をしました。何か禅問答のようですが、複雑な表情を浮かべながらも納得してもらいました。「法人認可は運動の一里塚」という言葉が重く感じられたときでした。

施設作りは、ただ単に設計業者に図面を引いてもらい、建設会社に発注すれば出来るものではありません。いくつかのハードルがあります。①自己所有もしくは公有地の建設予定地が確保してあること、②総事業費の二五％の自己資金と三か月の運転資金を現金で保有していること、③地元の建設同意書があること、④国庫協議書を提出し内示が出ていること、⑤利用予定者・職員が確保されていること、などが条件です。一つ欠けていても建設することはできません。

まず土地の確保に東奔西走の日々が始まりました。将来公的な資金貸与を受ける場合、法人所有の資産（担保）がないと借り入れることはできません。今回は何とか自己所有の土地を取得することとし、公有地の貸与については早期に断念しました。新聞にチラシを入れ、情報が入り次第、現地見学に行くということが繰り返されました。土地代に費やされる資金は限られています。「安価で広く環境がよく交通の便が良いところ」という難条件をクリアする土地はなかなか見つかりません。優先順位の高い「広さ」を優先させ、農地を転用するという条件が固まりました。長期にわたる調査・検討の結果、岐阜市の北東部三輪北地域の方のご好意により、建設予定地が決定しました。

一九九五年「いぶき」、九七年「うずら共同作業所」と施設整備を行ない、資金も底をついています。再度の資金つくり運動が始まりました。二回目の資金集めです。四年前に募金をしてくださった方が再度応じてくださるだろうか、不安を抱きながらの募金活動でしたが、いぶき建設当時とは比べ物にならない運動・組織の拡大により期限までに滞りなく達成しました。

九九年四月、二つ目の法人施設「第二いぶき（定員三〇名・職員二〇名）」が開所しました。「第二いぶき」の所在地は濃尾平野の北端の田園風景が広がる地域です。

地元の運動会や小学校の入学式には、施設長が招かれます。消防署長、駐在署長、郵便局長らと同席です。「第二いぶき」が地域住民の安全や公共サービスを担う社会資源として同様に認められているからです。また「第二いぶき」の日常的な食材・資材・人材も地域に依拠する部分が大きく、地元になくてはならない施設として地域の皆さんに歓迎をもって迎えられました。

この施設の特徴として何点か挙げることができます。まず知的障害者通所授産施設でありながら、肢体不自由・病弱児養護学校からも多くの利用者を受け入れていること、したがって知的障害との重複障害・医療的ケアの必要な方も多く含まれていること、在籍している養護学校を中退して入所する方が少なからずあることです。障害が重い方に対しては職員の大幅な加配によりなんとか解決できそうでした。養護学校の中退問題は、前述したように施設が新設されると常に定員が満たされ、卒業時に定員の空きが確保されない状況が常態化していることが原因であり、未入所の親たちは苦しい選択を迫られたわけです。

しかし安易な養護学校在籍生の受け入れについては議論がありました。もともと「権利としての教育運動」を引き継ぐ形でうまれた「権利としての福祉運動」が、「権利としての教育権」を放棄させるという皮肉な状況をもたらしたわけです。保護者には卒業まで待機するように丁寧かつ長時間の説得をしましたが、卒業年度の受け入れを法人として確約できませんでした。まさにわが国の成人期障害者施策の貧しさが表出した結果となりました。

5　事業拡充の時代——充実期

一九九五年四月「いぶき」が開所したときは利用者三〇名・職員一一名の組織でしたが、四年後の九九年四月「第二いぶき」を開所した時点で、利用者七七名・職員四四名となりました。両施設とも「知的障害者通所授産施設」であり、当時は障害の軽重にかかわらず「措置費」は同額でした。ところが利用者数が二・五七倍になったのに対し、職員数は四倍となりました。定員が増えるにつれて総職員数は漸減するのが普通です。その理由は知的障害者通所授産施設の職員配置基準が、利用者七・五人に直接指導職員一名なのに対して、私たちは重度・重複障害者の受け入れのために大幅な職員加配を行なったからです。したがってこの時点で人件費率（総収入のなかで人件費の占める割合）が八〇％を超え、経営が逼迫してきました。

人件費率八〇％はこの業態においては、常軌を逸した数字で、特別養護老人ホームなどは六〇％台が健全経営と言われています。理事会で緊張感のある議論が続きました。「このままでは、ジリ貧になる。理念を追求するのもよいが、健全経営を行なうのが社会的使命では」「我々の仕事は単なる収益事業ではない、運動によって制度をよりよいものに変えていくことが肝要である」などさまざまな意見がでました。その結果、経営と運動を両立させるために「後援会活動を通じて幅広い方に支援を求める」「現在ある制度を最大限に利用しつつ、制度改正の運動を進める」の二点が確認されました。

九三年に制度化された「重症心身障害児（者）通園事業B型」があります。当初は重症心身障害者施設もしくは病院に併設される形で「通園（家庭から通う）事業A型」が認められていました。その後、この事業は地域ニーズが高まったことを受けて、その他の福祉施設に併設し一日の利用者がおおむね五名を上限に「B型」として認められたものです。重症心身障害者を多数受け止めている「第二いぶき」にとって渡りに舟のような事業です。二〇〇〇年一〇月認可され「第二いぶき」に併設の形で開始されました。このことによって補助金収入が増え、人件費率の高騰に一定の歯止めがかけられました。さらに看護師の必置要件により、懸案の医療的ケアの充実が図られました。

「第二いぶき」が開所して施設作りが一段落したあとに出てきたのが、「暮らしの場」「親亡き後」の問題です。親さんたちからは「次は入所施設建設を」という声が上がり始めました。一方一九八〇年以降急速に進んだ「社会福祉基礎構造改革」の一つの柱が「施設から地域へ」、いわゆる「入所施設解体論」です。この流れに逆らい協議に臨んでも、採択される蓋然性は低く、保護者に対して対案を示していく必要がありました。

当時、入所施設解体後の地域の受け皿として脚光を浴びていたのが「グループホーム」です。しかし、もともと一般就労している知的障害者の住居として制度化されたものが、規制緩和により「福祉就労」も対象となった制度で、補助金の額は夜間の職員配置を前提としたものではありませんでした。

親さんと話し合った結果、職員の夜間宿直体制をとることを条件に、二〇〇〇年四月、いぶき初のグループホーム「しまホーム（利用者四名・世話人一名）」を開設しました。行政に対しての交渉の結果、〇一年四月より

「入居者への家賃補助制度」を制度化することができました。財政上の困難を抱えながらも、その後〇二年四月「さぎやまホーム（利用者四名・世話人一名）」、〇四年一二月「さぎやま第二ホーム（利用者四名・世話人一名）」を開設し現在にいたっています。さらに現在は、重度・重複障害のある方にも対応できる「重介護型ケアホーム」開設の議論が行なわれています。

人間は、睡眠時間を除くと三つのライフステージをもっています。①活動の場（ある一定の緊張感をもつ場）、②暮らしの場（リラックスして休養する場）、③余暇の場（趣味・生きがい・自己啓発の場）です。私たちはこれまでの運動で①②の支援の場を作ってきました。そこで③の余暇支援の部分の議論が始まりました。障害のある方とりわけ知的障害のある方は、数多くあるプログラムのなかから自己選択し、自分に合った余暇の楽しみ方を選択し、気の合った仲間と楽しむことは困難です。利用者にとって「何をしてもよい時間は、何をしたらよいのかわからない時間」なのです。それゆえ作業所がある日は生き生きとしているのですが、休みの日はつまらない表情をしていることがあります。多様な取り組みによって余暇支援を行なう場を作る必要性が出てきたのです。そのための第三施設建設の計画が持ち上がりました。

当時、岐阜市には設置されていなかった「知的障害者デイサービスセンター」を、運営の効率化を図るため「第二いぶき」の敷地を拡張し、隣接して作ることになりました。建設自己資金も思いがけない大口寄付を受けることができ、二〇〇三年四月、岐阜市初の知的障害者デイサービスセンター「コラボいぶき（平均利用者一五名）」が開所しました。「いぶき」ではできなかった車椅子利用者の介助が、スムースに行なわれるよう「第二いぶき」ではトイレの面積を思い切って大きく取りました。しかし複数の介助者が入るには狭く、さらに改造を加えました。その経験を生かし、さらに大きなトイレを設置しました。また、壁が可動することによって、さまざまな取り組みに合わせた部屋割りができるようになりました。

＊いぶき福祉会のあゆみ＊

1981.4	障害児・者をもつ親、施設、教員、関係者による学習会で「希望するすべての障害者に働く場を保障し、働くことを通して発達を保障する」ことをめざし、「共同作業所」づくりをしていくことを確認
83.6.	「岐阜地区に共同作業所をつくる会」発足。「日曜作業所」を開所し、作業訓練と資金づくりの活動開始
11.	常設作業所開所づくりのために廃品回収を開始
84.2.	開所場所決定。作業所名を「いぶき」とする
4.	いぶき共同作業所開所。入所式（入所者５名、指導員１名）
7.	岐阜市より心身障害者小規模授産施設として委託認定
87.4.	旧岐阜市役所島支所の借用契約を結び、移転。５月より作業を始める
88.6.	開所５周年を記念して「いぶきふれあいまつり」開催
91.6.	「いぶき福祉会設立準備会」設立発足総会。以後３年間の資金カンパ運動に7000名以上の市民が参加。自己資金達成
92.4.	「第二いぶき共同作業所」を開設。第１回「いぶきまつり」開催（以後毎年開催。96年第５回より「いぶきふれあいまつり」と改称）。福祉の店「きらら」を開き、手作り授産品を販売
94.6.	社会福祉法人いぶき福祉会、認可。７月いぶき新施設、起工式
95.4.	社会福祉法人いぶき福祉会「いぶき」開所
7.	いぶき福祉会後援会設立総会
97.4.	「うずら共同作業所」開設 「第二いぶき」建設募金開始。12月、自己資金目標額達成
98.3.	国へ施設整備協議書提出。６月、施設整備認可
99.4.	第二いぶき開所
2000.4.	グループホーム「しまホーム」（岐阜市則武）開所
10.	第二いぶきにおいて「重症心身障害児（者）通園支援事業」開始
02.4.	グループホーム「さぎやまホーム」（岐阜市鷺山）開所
03.4.	在宅知的障害者デイサービスセンター「コラボいぶき」（岐阜市出屋敷）開所
04.12.	グループホーム「さぎやま第二ホーム」（岐阜市鷺山）開所
06.10.	コラボいぶきが生活介護事業へ事業移行
07.4.	第二いぶきが生活介護事業へ事業移行（第二いぶき、コラボいぶきが一つの事業所に） 「うずら共同作業所」移転（岐阜市島新町）
08.4.	「うずら共同作業所」が「いぶきゆめひろ共同作業所」として就労継続支援Ｂ型へ事業移行

障害の重さのゆえに、毎日利用が困難な方も一日単位で利用できるようになりました。また土曜日に開所することで「いぶき」「第二いぶき」の利用者も利用することができるようになりました。さらに他の施設利用者も予約によって利用できるようになり、養護学校時代の懐かしい仲間とも出会える場にもなりました。とくに土曜開所日はお断りしなくてはならないほど、予約が殺到しました。また土曜日は大学が休みとなりますので学生ボランティアも多数集まり普段の職員配置では困難な、外出やデイキャンプも行なわれるようになりました。

〇三年四月は「支援費制度」が施行された年です。法改正により「デイサービス」の補助方式の変更と補助単価が想定外に凋落したことで、以降四年間大変苦しい経営を余儀なくされることとなりました。

6　障害者自立支援法の時代——混迷期

二〇〇四年九月、厚生労働省は障害者自立支援法の素案となった「障害者施策改革のグランドデザイン案」を提起してきました。この素案は「社会福祉基礎構造改革」の目標を具体化するとともに、将来「介護保険制度」との統合をにらんだものでした。応益負担、障害程度区分、日割り単価の導入など、今までの福祉の常識を覆す驚くべきものでした。詳細については次章で述べますが、私たちの目指してきたものとは相容れなく、これまでの私たちの運動を否定するような内容でした。

障害者自立支援法が〇五年一〇月に可決・成立するまでのあいだ、国会に対する請願運動、厚生労働省に対する要望運動、市町村に対する独自施策創設の運動など、いまだかつてない多様な運動を行ないました。私たちの運動目標も今までの「制度・施策」を作りだす要求運動から、「制度・施策」を守る運動への質的変化をもたらした時代であるともいえます。その後、運動の成果として〇六年一〇月障害者自立支援法完全施行のわずか二か月後、同年一二月に一二〇〇億円の財政出動を伴った「障害者自立支援法円滑施行特別対策」が実現したことを付け加えておきます。

日本は法治国家です。私たちは障害のある人の権利を、憲法を含めたさまざまな法令に基づき実効性のあるものにしていかなければなりません。「悪法も法なり」という言葉があります。私たちは現在、好むと好まざるとに関らず「障害者自立支援法」に縛られた「将来計画」「支援計画」を作らざるを得ないと考えています。しかし「法律の成立は認めても、法律の誤りは認めない」という姿勢を愚直に貫きたいと思います。

また「運動と対応」という言葉があります。私たちの活動は、一九八一年四月「権利としての障害者福祉」を具体化する「運動体」から始まりました。二〇〇七年四月現在、利用者数百余名、職員六十余名、その家族を含めると数百名の生活と暮らしを支える「事業体」になりました。しかし「事業体」は大きくなっても「運動」というしっかりとした屋台骨に支えられた生命体として生き生きと日々活動をします。そして現在、「いぶき福祉会」は新体系に移行する中間点にあります。新体系への移行は経営上プラスに転じるチャンスであるかもしれません。しかし経営戦略を論ずる場においても「権利としての福祉」という俎上で議論していくことを決して忘れてはなりません。

この困難な時代を乗り越えるために、私たちは常に運動の原点に立ち返りつつ、現状への対応を的確に図っていくことが大切だと感じています。

[第３章]

障害者自立支援法の本質と問題点

――「権利としての障害者福祉」の視点から

林　守男

給食もとっても大事な時間。みんなで食べるお昼は、格別においしいです！　今日のおかずはお魚です

1 「障害者自立支援法」が成立した背景

一九九〇年代に入り、交通網、通信網の著しい発展とともに、経済のグローバル化が急速に推進されました。情報・物流が二四時間地球上を駆け巡り、世界の富が一部の国家に集中し、「二極化（最富裕国と最貧国）」が顕著となってきました。これらのシステムに適応する（最富裕国となる）国家体制・国家施策の思想が「新自由主義」です。近代日本は、高度成長路線が終焉した後「第二臨調改革」「橋本構造改革」「小泉構造改革」と、さまざまな分野で「新自由主義」に適応する体制変換を推進してきました。

構造改革とは「経済のグローバル化に対応した、新しい競争力の強化を目指す経済社会全体の仕組みの転換。市場と競争に適合的な仕組みを備えた体制作り」です。この考え方を社会福祉にそのまま適用させたものが「社会福祉基礎構造改革」であり、それを法制化したものが「障害者自立支援法（以下、「自立支援法」と略）」なのです。したがって、この法律の精神的支柱には構造改革の思想が色濃く反映されています。社会保障の分野も「聖域」ではなくなり、「社会福祉基礎構造改革」の掛け声のもと、「介護保険法」「年金制度改正」「医療制度改正」「障害者自立支援法」と矢継ぎ早にメスが入れられました。

「新自由主義思想」のもとでは、「拡大再生産のセクター（ＩＴ・バイオ・ハイテクなど）」に富が集中投入されます。その結果「消費のセクター（医療、年金、福祉など）」に対しては、最低限の投資ですまされることとなります。社会保障施策を抑制するさいの常套句があります。「財政が逼迫し制度が維持できない。幅広い層の方々に公平に負担いただくことが必要」と常に財政論が持ち出されます。しかし今日の社会保障制度を論ずるときに財政のしばりを前提に論ずると、本質を見失うこととなります。安易に財政論を持ち出すよりも、「新自由主義」の標榜する「富の集積による、反射的利益としての社会保障」から「社会権（法）に基づく、富の再配分による社会保障」に針路を変更させる必要があります。

2　公的責任の後退と社会保障の市場化

自立支援法の条文のなかには「福祉」という言葉がほとんど出てきません。その代わりの文言として用いられているのが「自立・支援・給付・負担・事業」などの言葉です。自立支援法下においては、障害者福祉は「社会福祉の三原則（公的責任・必要十分・無差別平等）」と相容れないものとなり、「社会福祉」という単語は、もはや「生活保護法」「母子福祉法」と「児童福祉法」の一部のみに適用される概念となりました。「新自由主義」における社会保障は、「国家財政責任」を放棄させ「国民負担率」を上昇させ、規制緩和による異業種の参入による「契約する福祉」「買う福祉」を助長させました。その結果「社会的不利」を個人の責任に転化することになり、非常に逆進性の高い制度となりました。全国共通で実現しなければならない目標（制度）を個人負担とすることは、憲法で保障された国民の基本的人権についての国家責任を放棄することになるのです。この法律の狙いは、従来のさまざまな福祉サービスを個別現金給付に一元化し、サービスを準市場（造語―ある程度の公の支配が及ぶ市場）で購入（契約）する形態とし、定率負担を設けることによって利用抑制を促し、財政負担を軽減することにあるのです（一一七ページ上段八行目以下参照）。

厚生省（当時）は「措置制度」を廃止するため、「措置制度は行政の一方的な行政処分であり、個人の選択の自由を阻害するものである」と言い続けてきました。

措置制度とは、国と地方公共団体の公的責任を明確にした制度であり、それとの関わりで国民がサービス受給権を請求できるようにした制度なのです。措置とは行政の権力的・一方的な自由裁量権などではなく、行政が国民の生存権保障のために行なうことを義務付けられた制度なのです。しかし厚生労働省は「措置」という言葉の一方的な解釈にこだわり続けてきました。

さらに、措置制度は、戦後日本の社会福祉制度の発展に大きく貢献してきた点を評価しなければなりません。自治体の経済力・財政力の格差、公設・民設、公営・民営の設置形態の違いなどを越えて、福祉水準のナショナルミニマム（最低基準）を維持し、底上げさせることに寄与してきました。たしかに一方で官僚的統制が強く、多様なニーズに弾力的に対応しにくいなどの問題点も抱えている現状もありました。しかしそれらの問題点は措置制度下での議論や障害者運動により解決できるはずであり、実際にもある程度は解決してきましたから、「措置制度」を解体する理由にはならないはずです。その後「社会福祉基礎構造改革」の推進により、この制度的支柱が毀損することによって、地域間格差が拡大し、社会権としての「福祉サービス受給権（憲法に規定される生存権）」が市民権としての「福祉サービス購入権（契約制度を補完する権利擁護受給権）」に変節されてきたのです。すなわち権利性の観点からは、まったく似て異なるものになってきたのです。

3　自立の意味するもの

自立支援法に規定される「自立した障害者像」は、社会的なサービスを受けていない人、またはサービスを求めない人と規定されています。この考え方は、「自助努力社会におけるセーフティネット」とか「自立を促すための施策」というように、社会保障制度によって支えられている人を「自立した個人」と認めない冷酷な思想的な歪みが見られます。この考え方を突き詰めると、さまざまな社会システムに依拠しない「縄文人」のような生活が自立した生活のようにも感じられます。つまり現代社会では、私たちは何らかの社会（公共）システムを利用して「社会的連帯」のなかに存在しているのであって、その環境のなかにおける「自立」とは「自らがその社会的連帯システムを生活に利用しながら、その連帯における自らの位置と役割を主体的に自覚して生活すること」（四四ページ下段一〇行目・五八ページ下段四行目以下参照）となります。すなわち「自立」の形態は、一人ひとりの能力や価値観や環境によって千差万別であり、そのさまざまな形態をよしとする度量の大きさをもつことが必要だと思います。

4　混乱の素因となった契約制度と応益負担制度

自立支援法の基本理念として繰り返し述べられているのが、「自己決定・自己選択」です。この概念は「支援費制度」から導入され、サービス提供者と利用者を直接の「利用契約関係」におくこととなりました。この制度は社会福祉の分野に、一般商品の売買と同様の「売買契約関係」を持ち込み、トラブルが生じても責任は契約当事者間で解決するものとされ、「公的責任」がないがしろにされました。また「契約」は互いの同意に基づいて行なわれるため、選ぶことができる社会福祉サービスの種類・資源量が限られている現状では、需給関係に隔りがあり、事業者側が契約に応じない自由も行使できることとなります（四三ページ下段一五行目以下参照）。また自立支援法の最大の問題点である「応益負担制度」においては、利用料負担ができない人にとっては「サービス受給権」が発生しません。したがって、それらの方には「自己決定権・自己選択権」を行使することすらできなくなるのです。「自己決定権」という「自由権」が「生存権」という「社会権」を凌駕することになってしまったのです。

「応益負担問題」に関しては、障害者団体によってその対応に「温度差」があります。よく言われるのが「所得保障なしの応益負担は認められない」というものです。障害者の所得保障制度においてナショナルミニマム（最低限の文化的生活水準）が支給される制度が確立したとしても、利用者負担とは無関係の問題なのです。なぜなら福祉サービスの利用者のみに応益負担を課するということは、サービスを利用しない人との所得格差を容認することとなり、「最低生活保障」のスタンダードが崩れることになるからです（五四ページ下段五行目以下参照）。

自立支援法が施行されて「応益負担問題」が大きな問題となり、定時見直しの時期を待たず「特別・特例・緊急」の文字がつく対策が講じられ、月額負担金の上限金額が切り下げられていますが、依然「応益負担原則」は堅持されています。しかし「権利」という視点から見ると、整合性がとれないおかしな制度であることを押さえておきたいと思います。

5　福祉の人材が枯渇する

戦後の社会福祉は「公的責任」の原則が貫かれ、公的責任で担保されない部分を補う方策として民間に「社会福祉法人」としての特別法人格を付与し、官民同一の報酬単価を設定し、安定した運営を担保に「業務委託」してきた経緯があります。したがって社会福祉法人事業者は職員に対して「公務員給与表」に格付けされた給与を支払うことができたのです。しかし一九九〇年代後半から急速に「競争原理・実績主義・市場化」の波が押し寄せてきました。この動きは社会福祉事業者に対して、一般企業の至上命題である「効率化・省力化」を求めざるを得ない結果となりました。それらを推し進めた結果が具体化されたものが「コムスン問題」です。「コムスン」は第一段階として、市場における「資本の広範囲な集中投下」によって、全国津々浦々に介護事業所を設け、地域の他業者の撤退を促しました。第二段階として、「ホームヘルパー」の大量養成に合わせるように、職員の非常勤化を推し進め、低賃金と過酷な労働により利益を捻出するしくみを作り出しました（五六ページ下段二行目・一二一ページ下段四行目・一三〇ページ上段五行目以下参照）。このことによって「福祉労働」の社会的評価が下がり、「人材の流出」「人材確保の困難性」という現象を生み出したのです（一二四ページ上段八行目以下参照）。この現象は高齢者介護にとどまらず、社会福祉のすべての業態に共通のものとなってきました。

障害者福祉業界も例外にあらず、とくに実践現場における非常勤職員（パート職員）のしめる割合が漸増しています（一二三ページ下段一八行目以下参照）。従前は、施設種別ごとに利用者数に応じた最低常勤職員（正職員）配置数が定められ、施設の裁量でその数以上の職員を加配する場合のみ、非常勤職員の雇用が行なわれていました。ところが現在は、非常勤職員の総労働時間を常勤職員の規定労働時間で除した数を、常勤職員数とみなす方法（常勤換算方式）に変わりました（一一九ページ下段九行目・一三五ページ下段一八行目以下参照）。極端に言えば、一人の常勤職員と前記の計算による非常勤職員の配置で法的配置基準を満たすこともできることになったのです。その結果、介護職員の「人材派遣会社」も現れてきました。政治経済のグローバル化政策により、外国の介護資格を国内の介護資格とみなす規制緩和が行なわれ、今後急速に、外国人介護職員の増加が予測されます。すなわち「聖域なき構造改革」が福祉現場に、他業種と相違ない「雇用システム」の構造改革をもたらしたのです。

このシステムは、製造業などにおける「定型労働」の低コスト化には、大きな対費用効果をもたらすこととなりますが、「非定型コミュニケーション労働」の現場にこのような「雇用システム」が導入されることにより、その本質が大きく変節されることとなりました。障害者とりわけ知的障害者に対する全人的包括支援を目的とする労働者には、個々の障害特性を科学的に分析・把握する能力や障害者の育ちや発達の過程を細部にわたり検証し、個別支援計画を作成する能力、などが必須となります。そのためには、多くの経験・実践の蓄積が必要となる、いわゆる精鋭的な働き方が求められるのです（一三二ページ上段一八行目以下参照）。いま実践の現場で二極化が急速に進んでいます。「非常勤職員」においては、常勤職員に比し安価な賃金にもかかわらず、常勤職員と同様の介護のスキルが求められ、しかも業務が個別化・細分化され、キャリアアップにつながる見通しさえもてない状況となっています。一方「常勤職員」は、雇用の弾力化を推し進め「非常勤職員」の業務の範囲を拡大したとしても、依然として「常勤職員」しか担当できない業務は残っているため、その仕事が加重となり大きくのしかかることとなります（一二六ページ下段一一行目・一二九ページ下段一二行目以下参照）。以上のような理由によって、現在福祉労働において一種の疎外現象が生まれているのです。その原因は本来の人間の権利・発達保障労働としての専門性を有するコミュニケーション労働が、「限定化・定型化・効率化」を追求する介護労働に変えられつつあることがあげられます（一〇九ページ上段九行目以下参照）。福祉労働者に専門性を保障するためには、①専門性を獲得・蓄積するための福祉労働者の雇用保障。②専門性の発揮に必要な賃金・労働条件の保障。③福祉現場での専門的裁量権の保障（一一四ページ下段一行目・一三〇ページ下段一一行目以下参照）という三条件をゆるがせることはできません。

この二極化した職員集団を互いに相克関係とし、成果主義・実績主義と結合させれば、人件費の抑制を効果的に達成できるのです。しかし、それと引き換えに、長年の努力と蓄積によって築かれた丁寧な実践が、いま崩壊しようとしているのです（一三五ページ上段八行目以下参照）。政策的誘導によって引き起こされた「雇用形態の構造改革」に対しては、即効的な対応策はありません。しかし逆に考えると、このような情勢のなかで、福祉事業の存在価値としての「実践」に軸足を置いた事業体が光りを放つ時代がやってきたともいえます。

6　福祉実践の崩壊

福祉サービスを、個々の単価にしたがって契約どおり遺漏なく提供する実践は、市場における等価交換の商行為であり、「福祉」の概念からは程遠いものです（四四ページ上段九行目以下参照）。私たちは社会福祉実践が、「ゆらぎ」との直面であることを忘れてはなりません。「ゆらぎ」をまったく経験することのない実践、「ゆらぎ」をすべて許さないシステムやマニュアルがあるとすれば、それはもはや福祉実践ではありません。いかなるシステムも実践も、人を対象とするかぎり、常に「ゆらぐ」ことのできる余地と振幅をもたなければならないのです。社会福祉実践を行なうさいの前提条件となっているのが「ゆらぎ」や「迷い」「ジグザグ」「逆戻り」、さらには「失敗」などの過程です。一方自立支援法の「障害程度区分認定」は、そうした「ゆらぎ」・「失敗」を許さない、まさに一円単位の契約による「固定構造」を福祉の実践に持ち込みます。障害者とりわけ知的障害者に対する実践は、個々のもつ発達要求を科学的に分析し、支援プログラムを作成し、丁寧な長期間の実践が不可欠なのです。しかし自立支援法下では、「実践の質・見えにくい実践（コミュニケーションの枠が広がる。要求を表出できるなど）」ではなく、「実践の量・見える実践（長時間仕事ができる。一般企業に就職できる）」が施設の優劣の判断基準となってくるのです（一二二ページ下段四行目以下参照）。

制度の変更とともにもっとも議論されるべき実践の問題が、昨今ないがしろにされているのです。私たち事業者は、いままで「障害の軽重」を問わず、同額の月額報酬を、専門性を生かした「裁量」で効果的に遣って実践を行なってきました。この「裁量」部分が大きくおびやかされているのです。

7　今後の運動提起

自立支援法の施行は、決して障害者だけの問題ではありません。この法律が梃子《てこ》の役割を担い「生活保護制度」における加配のはぎとり、「幼保一元化」による児童福祉法の改悪、教育基本法改悪による「教育統制」、医療法改悪による「混合医療」の議論など、「社会保障改悪」が広範囲において急速かつ激しく行なわれてきました。これらの動きに対して、もはや単発的な運動・抵抗では、抗いきれない状況に追い込まれています。「国民投票法案」の採決を受け、改憲の動きも見え隠れしています。今こそ国民の健康で豊かな生活を守るためにはどのような「国家体制」を選択すべきか、基底の議論を真剣に行なうときがきているのではないでしょうか。

「所得保障なくしての応益負担は許さない」「食費の負担は世の中の流れで仕方がないが、せめて原材料費ぐらいにしてもらえないか」といった、枝葉末節の議論よりも、憲法に規定される「生存権」「基本的人権」を障害者が主体的にどう享受していくのかという「基底」の議論も、合わせて大切にすべきなのです（一三七ページ上段一二行目以下参照）。確かに財政が逼迫していることは衆目の一致しているところです。財政学における社会保障の財源調達方式は、①社会の全構成員を対象とするものは一般税。②社会の一部構成員を対象に、受益と負担の関係を明確にする場合は保険料。③社会の特定グループの費用負担配分を最適化する場合には目的税。となっています。介護保険では介護保険制度により、高齢者を②カテゴリーに分類しています。「自立支援法」では一割の応益負担により、障害者を③のカテゴリーに分類しようとしているのです。この法案の上位理念法である「障害者基本法」には、障害のある方を社会の全構成員で支えると謳われています。したがって本来は、障害者も高齢者も①のカテゴリーに属することは明らかなのです。

この章では自立支援法の本質を「権利としての障害者福祉」の切り口で記述しました。「自立支援法」が障害者関係者にとって、説明しがたい居心地の悪さを覚えるのは、生来賦与されている「権利」が巧妙に換言され、「日常的意識」に埋没されていることが原因なのです。この本質をしっかり押さえておくことが今後の運動にとって大切であることを最後に訴えます。

[第４章]

福祉のプロってなんだろう？
――福祉職を考える

上野由恵／和田善行／纐纈栄司

緑に囲まれた公園で散歩。今日はあったかくて気持ちいい

1 仲間の笑顔を楽しみに——新人職員から見たいぶきの現場

上野由恵

はじめに——福祉へのきっかけ

福祉に興味をもったのは、高校生のときの選択授業がきっかけで、ある出会いがあったからです。夏休みにホームヘルパーの横山さんに同行して、一人暮らしをしているおばあさんの自宅に行きました。私はヘルパーは掃除とか食事の準備だけをするのだと思っていましたが、横山さんは掃除や食事の準備が終わったらそれで終わりではなく、短い時間だけれど相手との関わりをちゃんともっていて、私もその場にいてとても居心地がよかったのを覚えています。帰るときにおばあさんが「夕方は誰が来る?」と聞くと、「ごめんね私やよ。いややった? ごめんね」と横山さんが笑いながら返しました。おばあさんは「何言ってるの、そんなこと思ってないいて、わたしはあんたが一番いいんや。また夕方楽しみにしてるから」と、とても嬉しそうに言っていました。

夕方また伺ったときには、おばあさんと二人でいろんな話をしました。そのなかでおばあさんから「あんたはこの先こういう仕事につきなさるのかね?」と言われ、「まだわかりませんが、人と関わることが好きなので、機械を相手ではなく、人と関わりのある仕事につきたいと思っています」と伝えました。するとおばあさんが、「もしこういう仕事につくなら、横山さんみたいなヘルパーさんになってね。あの人には私はいろんなことを気を使わずに言える。本当はあの人にずっとヘルパーで来てもらいたいんやけどね、そんなわけにも行かずなかなかなんやわ。だからあんたがもしこういう世界で仕事をするならあのひとみたいな人になってくれたら、私も嬉しいし、きっと他の人も嬉しいと思う」と言ってくれました。

私は何も福祉についての知識はなかったのですが、福祉の仕事というのは、介助することだけが仕事ではなく、こうやって話をすることなど、気持ちの部分がすごく大事なんだなと感じました。このおばあさんとの出会いがきっかけで、私も横山さんみたいに「相手に安心を与えられるような人になりたい」と、はっきり自分のなかで思いました。

1　仲間が安心して過ごしていて
――いぶきと出会った印象

大学四年生の九月からずっと求人をチェックするようになりました。秋のおわりに、就職をいったいどうしようと行き詰まっていたとき、いぶきで見学会があるとのことだったので行ってみようと思い電話をしました。

いぶきでは、案内してくれた林施設長が「どう？　仕事は」と仲間に気軽に話しかけていて、施設長だからといってえらそうにしていなくて、同じ目線で仲間に接しているのがとても印象的でした。いぶきは、それぞれ部屋によってまったく様子が違いました。また、バリバリ仕事をこなす部屋でも、仕事に集中できるように席が配置されていたりして、その人に合ったペースで仕事ができるように、工夫がなされていました。

私の思い描いていた障害者施設は仕事を黙々とやり、部屋には仕事のための机と椅子が置いてあるだけのイメージでした。しかし、ある部屋では大きなソファーに仲間がリラックスした様子で座っていました。仕事をする部屋であるという前に、一人ひとりを大切にして、その仲間が安心して過ごせることを考えて部屋を作ってあることがとても印象に残り、私の気持ちもリラックスしました。このリラックスした感じが施設でつくれることは私にはすごいなと感じました。高校生のときに出会ったヘルパーさんのように、相手に安心を与える仕事がここでできると思いました。

見学で一番印象に残っているのはトイレでした。いぶきのトイレはきれいだな、トイレの嫌なにおいがないな、と感じました。施設を設立するにあたって、トイレは大切な場所であるから県外の良い施設を見学に行き、トイレづくりの参考にしたと話してくれました。トイレというたった一つの場所ですが、仲間にとってどんなトイレが一番良いのかを真剣に考えて取り組んでいる、いぶきという施設に温かいものを感じました。

これがいぶきに就職しようと決意した理由です。

2　働いて感じたこと

私は、いぶきでは一日中ずっと仕事をすると思っていたので、日課のなかにクラブ活動、レクリエーション、音楽療法、プール、散歩、まつり、成人を祝う会、役員会、小旅行、宿泊研修など、たくさんの取り組みをしていたことにびっくりしました。そしてその取り組みの一つひとつにはきちんと意味があるのだとわかりました。

私が担当する「てづくりクラブ」では、一時間ほどでできる簡単なパフェづくりをしました。最初は、砂糖をどれだけ入れたらいいかわからなくて、五分ほどとまどっている仲間もいましたが、何度かクラブ活動を続けるうちに、「どれだけ入れるの」と聞いて自分でだんだん動けるようになってきました。そして、だんだん自分がやりたいもの、自分ができるものを伝えてくれて、不安だけど挑戦したいことが出てきました。仲間がクラブ活動を通して、不意に見せてくれる照れくさそうな表情などを見られることがとても嬉しいです。クラブ活動は仕事以外の場面でも自分の思いを出し、それを自分で言う力をつける機会だと感じています。

他にも部屋単位で宿泊研修というものがあります。すばるの部屋では少年自然の家での宿泊をしましたが、川添さんはずっと宿泊はいやだと言っていました。理由は学生の頃に宿泊をしたとき、嫌な思いをしたからだということでした。

不安が大きい川添さんには、自然の家での食事が食べられないかもしれないというので、メニューをコピーして渡しました。他のことに関してもできるだけ川添さんと話をしました。結局泊まることはできませんでしたが、次の日自然の家にもう一度来てもらい、たたき染めという、木づちでコンコンとたたき葉っぱの色を和紙に付けていく取り組みをしました。活動に参加した川添さんから、あとから、自然の家でのたたき染めは楽しかったから、またあのようなことをしたいという話をしてくれました。

私は最初、宿泊研修ではみんなといっしょに泊まることが一番大切だと思っていました。泊まるということは、本人が納得できませんでしたが、宿泊にあたって本人が不安に思っていることを除けるものは除いていこうということに対して取り組む大切さを私は感じました。そして、無理にさせることよりも本人が楽しめる活動をすることのほうが大切だということを感じました。

またボランティアの数が多いことにびっくりしました。いぶきに来てくれるボランティアさんは、若い人が多くて活気を感じます。その姿を見て私自身自分の姿を見直すこともあります。

いぶきに入ってもうすぐ一か月というときに、いぶきまつりでボランティアさんと初めていっしょに活動をしました。そのときとても気持ちよく活動ができた記憶があります。ボランティアさんなしでは、まつりを成功させることはできなかったと思います。

いぶきは本当にみんなに支えられているのだなと思い、ボランティアさんをはじめ関わっている人みんなに感謝しないといけないなと感じると同時に、こうやって関わってくれている人たちを、私たちいぶきは大切にしていかなければならないと思いました。

3　仲間の笑顔が嬉しい――いま楽しいこと

私は今、毎日がとても楽しいです。なぜと言われると何でなのかはわからないですが一日が早く終わってしまいます。

朝、仲間の皆に会えるのが楽しみの一つです。送迎では職員の誰よりも先に仲間に会えます。朝、仲間の元気な姿が見られるとほっとします。そしてお母さんたちとのやり取りも楽しいです。仲間の自宅での様子、兄弟がお母さんに誕生日のプレゼントをくれたという話など、お母さんが笑顔でするそんな素敵な話を朝一で聞き、「いってらっしゃい」と見送りをする笑顔を見ることもできます。

そして、みんながいぶきへ入ると、ノートを出してくれます。人によって書いてある内容は違い、本人とのやり取りをしたり、親さんが家での出来事や帰ってからの体調などを書いてくれていて、読むのがとても楽しみです。人によっては家族の方が書いてくれたノートの内容からコミュニケーションをとって、朝のスタートをする仲間もいます。たとえばお父さんが大好きな渡辺さんが、連絡ノートに「お迎えはお父さんです」と書いてあると、職員は「今日帰りだれが迎えに来てくれるの」と聞きます。「お母さん？」「お父さん？」と順番に聞いていくと「お父さん」のときには、下を向いていた体がググッと起き上がりにっこり笑ってくれたりします。他にも家であったことを早く職員に伝えたくて、朝、職員に「私のノート見た」と聞かれることがあります。ノートの内容を話すと嬉しそうに、「そうなんやて」と会話が弾みます。

人との関わりがあまりうまくできなかったりする仲間がいます。自分の意思はあるのだけど、それをうまく表現できない仲間もいます。

たとえば水谷さんは人と関わることは少なく、毎日会っていても私の名前を口に出してくれることはありません。少し寂しい気持ちになります。しかし音楽療法のときには少し違った顔を見ることができます。他の人といっしょにペアを組んでダンスをするときに「誰と組みたいですか」と聞くと、ニコッとして自分がペアを組みたい人のところまで移動して申し込みをして、自分が組みたいと思ってい

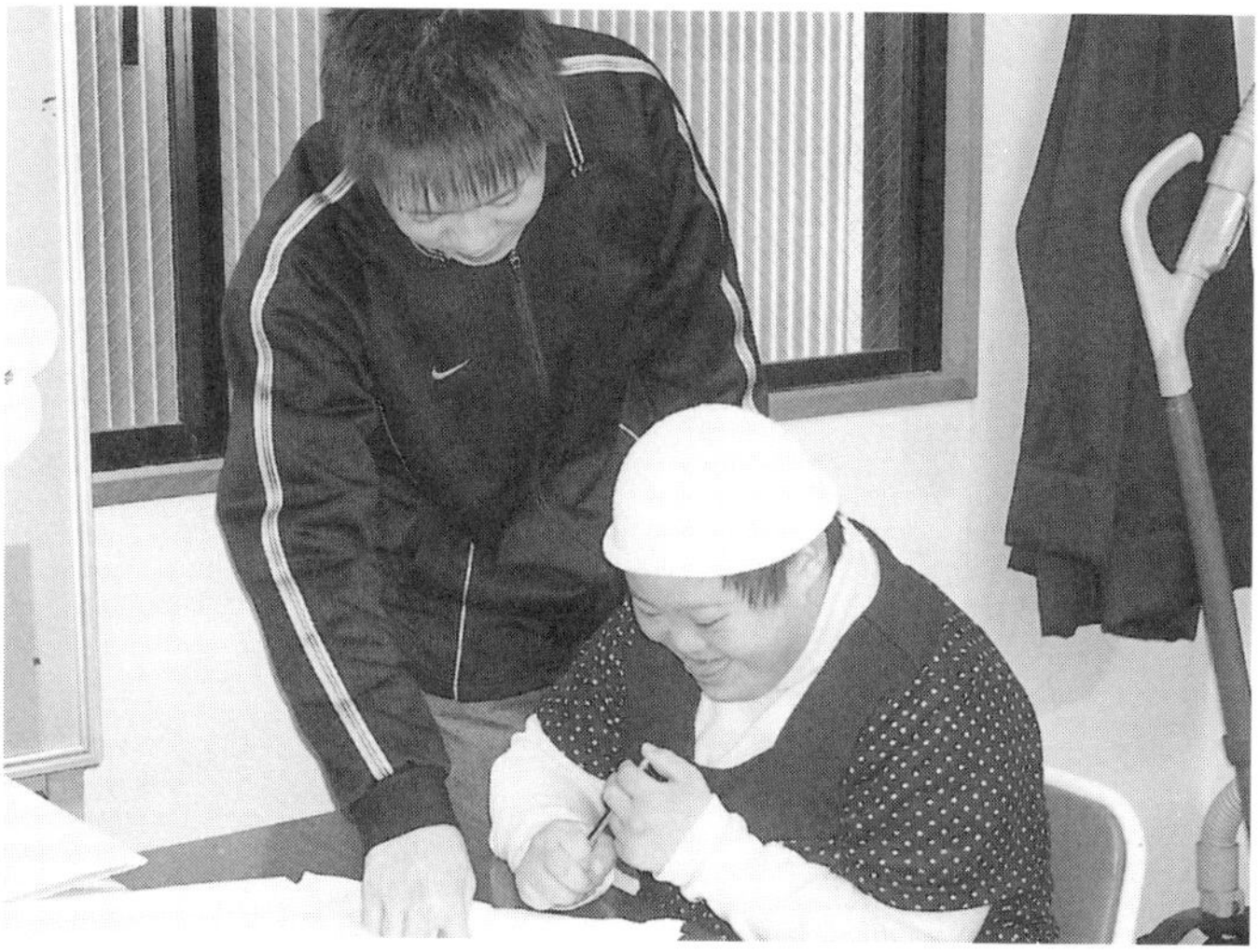
昼休み、仕事の合間にノートで猛勉強

た人とペアが組めると、とても嬉しそうです。人との接触は好まない人だと思っていましたが、普段あまり関わりがない人にペアを申し込んだり、私に申し込みがあったりするので、人を見ていないようでちゃんと見ているのだなと感じます。本人の気持ちを大切にし、その思いを出すことには不安があるのだろうけど、それを取り除いてあげることで、時間がかかっても自分の思いを出していけるようにしたいと思います。

また水谷さんは仕事ではわさびをミキサーにかける仕事を主にしてもらっており、初めは職員が隣で常に見ていましたが、最近だんだん仕事を覚えてきて職員が隣にいなくても仕事を進めてくれています。ある日ミキサーがあと一回で終わるので他の仲間に任せ、その間に洗い物をお願いすると、怒って私を蹴ってきたことがありました。きっと自分の仕事を他の人がやっていて自分は洗い物をやることが納得できなかったためだと思います。水谷さんの気持ちをもう少し理解しなくてはいけなかったという反省とともに、水谷さんがわさびのミキサーの仕事にやりがいを感じていてくれているようなので、そのことがとても嬉しかったです。これから水谷さんがわさびの仕事を一人でこなせるようになっていくのが楽しみです。

このように毎日、楽しいことばかりではなく反省する部分もありますが、仲間の新たな発見が見られたときや、こんなこともあるんだとわかったとき、嬉しい気持ちになります。

4　私が目指す福祉職員の姿

高校生のときに出会ったヘルパーさんのように安心感を与えたくて、いぶきで支援をしていました。しかし、ある日私が仲間に対して支援をしていたとき、その支援を見ていた他の職員さんが「私の行なった支援には私の願いがあり、そのためにかける一つひとつの言葉には意味がある」ということを教えてくれました。私はそれまで、仲間に声をかけることの一つひとつに対してそこまで考えていたわけではなかったのですが、このことを言われたときに、私自身が未熟で仲間に対しての支援のあり方についての専門性が足りなかったことに気づかされました。

川添さんや水谷さんの支援から、仲間と丁寧に関わることで、相手の思いを受け止め、気持ちに寄り添い、いっしょに不安を乗り越えていくことが大切だと思いました。そのうえで、仲間が気持ちを表現してくれるような、安心できるいぶきにできたらよいと思います。そして相手に対して安心感を与えられる、そんな支援をしていける職員になっていきたいと思っています。そのために福祉職としてのあらゆる専門性を高めていくことが大切だと、いぶきに入り感じました。

私は働き始めて時間は少ししかたっていなくて、仲間との関わりのことで日々どうしたらよいのか、まだわからないところもあり、手探り状態です。私なりのやり方でやっていますが、それが正しいのか、となるととても不安です。でも、私はこのいぶきの職員さんにとても支えられて仕事を楽しく頑張っています。

いぶきの職員はとても仲がいいなと感じました。事務室では仲間の今日の様子を楽しく話している和やかな楽しい雰囲気もあり、仲間でこういうことがあってどうしたらいいと思うか相談している人や、今日の職員の動きの反省など真剣に仲間のためにさまざまなことを話しています。話すということは仲間のためだけではなく、職員同士が意識を高めたりすることにもつながり、とても大切なことだと感じました。仲間に対してよい支援を提供できるということはきっと職員同士のチームワークができているからだと思います。いぶきは仲間を大切にしていて、働く職員同士もお互いを思いやる気持ちがあります。この二つが合わさっているところがいぶきの素敵なところです。

いぶきは、どんどん新しい仕事や取り組みをしていて、挑戦し続けているんだと感じています。私はまだいぶきに就職したばかりですが、今いぶきに自分が関わっていることを誇りに思います。まだ私は何もできないですが、今までいぶきが作り上げてきたことを大切にして、これからのいぶきに役に立ちたいです。

最後に、いぶきに来るみんなが、自分の思いを伝えることができるようになったり、一人で何かできることが一つでも多くなったり、私たちといっしょに活動するなかでも、その人ができたことをお互いに喜びを分かち合い、明日もいぶきに行きたいと思えるような、楽しい場所であるために、笑顔で元気よく仕事をしたいです。時間はかかると思いますが、一つずつやっていけたらいいなと思っています。

2　社会福祉法人の事務の専門性とは

和田善行

1　この五年間で劇的な変化が
――決して利用者本位ではない

私が社会福祉法人いぶき福祉会に勤めて五年目になりますが、自分の業務内容や福祉情勢はこの五年で劇的な変化を遂げてきました。当法人就職当初は現場に入って直接利用者の支援に携わっていたのですが、途中から経理を司る仕事に就き、利用者本位の支援を経理面から支えています。

私は以前、特別養護老人ホームに勤務し、介護、生活相談、経理、法人運営、敷地拡充、老朽改築事業、ケアマネジャーなど多岐にわたる業務をこなし、その頃の経験が今充分に生かされています。それは、福祉情勢に関しても生かすことができます。社会福祉基礎構造改革の第一弾として、介護保険制度が導入された頃に私はちょうど特別養護老人ホームに勤務していたので、今の障害者福祉情勢と重なる部分を大いに感じながら、あの頃の制度の大失敗をまた、障害者分野にも持ち込むのかという憤りを強く感じています。私が当法人に勤め始めた頃に措置制度から支援費制度になり、二〇〇六年、障害者自立支援法（以下、「自立支援法」と略）が完全施行しました。

この五年間に福祉制度が二回も変わり、利用者本人や保護者、県や市の担当職員など、障害者福祉に携わるすべての人々が右往左往したことは言うまでもありません。本来、利用者の生活に視点を置いて、制度を変えていかなければならないはずが、制度に合わせて生活を変えざるを得ないことが、果たして真の福祉といえるかどうか、疑問が残ります。

支援費制度の頃は、月額単価でしかも通所の利用者負担は食費も含めて〇円なので、金銭的な負担もなく、通所することができました。自立支援法になって、日額単価になり利用者は支援費の一割と食費を負担することになりました。当初は一割負担約一万五〇〇〇円と食費約一万円の合計約二万五〇〇〇円を負担することになりましたが、現在は親と世帯分離することによって、利用料三七五〇円と食費約六〇〇〇円の合計約一万円を負担することになりました。しかし、支援費制度の頃に比べるといずれも大幅な負担増には変わりありません。このことにより、事業者にとって利用率が低下し、収入減となり、利用者は利用抑制せざるを得ない状況となりました。利用者やその家族は休む理由として利用料を払うのが大変だからということは決して言いません。経済的に厳しいけど、日中活動をする場があるから、仲間は通所しているのです。もし、経済的にも精神的にも追い詰められたら、一気に利用停止の恐れがある現状を厚生労働省は正確に把握していないと思います。

また、新たに導入された障害程度区分が障害者の実情をどれほどまでに反映しているか、疑問があります。当法人では、コラボいぶきで二〇〇六年九月まで知的障害者デイサービス事業を実施していました。〇六年一〇月からこの事業が廃止されることに伴い、コラボいぶきは自立支援法の生活介護事業に移行しました。生活介護事業は障害程度区分2以下の人（年齢が五〇歳以上の場合は、障害程度区分1以下）は利用できないことになっています。実際、コラボいぶきの事業移行で障害程度区分により、利用できない仲間が出てきました。これまで慣れ親しんだところに通えないつらさ、ニーズがあるのに使えない理不尽さを厚生労働省は理解していないと思います。むろん、事業所の要でもある事務員もたび重なる制度改正に相当振り回されました。たとえば、請求事務に関して、半年ごとに請求方法が変更になりました。そのつど、事業者説明会があり、市町村請求や利用者請求の実務を正確に行なうために、毎回出席して真剣に聞いてきますが、半年後には、請求方法が変更になり、そのたびに事務量も増えました。

さらに二〇〇七年一〇月から「国保連」に電子請求をすることになり、コンピュータの審査判定により、返戻エラーがあるとその利用者の請求金額は〇円となり、来月に再請求しなくてはなりません。なぜ、返戻エラーとなったのか、その問い合わせと修正に時間がとられ、また、支援費の入金も返戻エラーで再請求した分も含めてチェックしなければならないので、事務と経理がこれまで以上に煩雑になりました。

入金される支援費は本来、市町村からの委託費なので、当月請求当月入金が原則ですが、自立支援法になって、二か月半以上入金が遅延することになったので、二～三か月分の運転資金を確保しなければならず、各事業所において運転資金がショートしないように四苦八苦しました。

当法人では、支援費制度に変更になったときに一か月分の運転資金を賄うために独立行政法人福祉医療機構から繋ぎ資金を一〇〇〇万円借入し、年間二〇〇万円の五年返済でそれも間もなく終了しますが、もし、一か月の支援費の遅延がなければ、借入する必要もなく、年間二〇〇万円を福祉事業に充当できたことを考えると、経理を司るものとして、はなはだ悔しく思います。自立支援法に変更になったときは、人件費積立金三〇〇万円を取り崩し、資金ショートしないように各事業間で繰り入れし、なんとか凌ぎました。請求事務をこなして、入ってくるお金が増えれば事務のやりがいは生まれますが、逆に市町村から入るお金が減ると同時に利用者に一割の利用料を請求しなければならず、そのために利用抑制も生じていることになれば、事務のモチベーションは下がる一方です。実際に二〇〇六年度は法人全体で二〇〇〇万円近くの減収に苛まれました。

これが本来の事務のあるべき姿なのでしょうか。自立支援法によって、事務量が膨大になり、社会福祉法人の事務のあるべき姿が崩れかけています。

2　障害者自立支援法により露呈した問題
——事務の立場から

実際の問題は他にも多々あり、事務の立場から、何が問題か、明らかにしたいと思います。

前項において、事務や経理の煩雑さを訴えてきましたが、自立支援法の人員に関する基準（指定基準省令）には事務員の専任配置の記載がいっさいありません。これには大変驚きました。膨大な事務量をこなさなければならないのに、事業所の事務員の配置はとくに定めがなく、指定基準と実態とのあいだにはかなりの開きがみられます。いったい事務員の単価はいくらに設定されているのか、疑問が残ります。増大する事務負担に対する公費算定はほとんどされていないのが現状です。

国や県が障害者施策で推進しているものの一つに、働く障害者の就労支援があります。具体的には、利用者の工賃を倍増する計画であったり、利用者を一般就労させる計画であったりします。旧法授産施設（いぶき）は平成二三年度末までに新事業へ移行しなければならず、移行先として、就労継続支援事業や就労移行支援事業が考えられていますが、到底移行できる条件ではないのです。就労継続支援事業は利用者負担も含めて報酬単価が一日四六〇〇円で、利用者一〇人に対して、職員一人の配置基準です。就労移行支援事業は一日報酬単価が七三六〇円で、職業指導員は利用者六人に対して、職員一人、就労支援員は利用者一五人に対して、職員一人の配置基準です。現在のいぶきは、一日報酬単価が七二七〇円で、支援員が常勤換算で一三人おり、利用者三人に対して職員一人の配置となっています。この単価や人員配置では到底事業移行できないし、就労支援の実践をすることは不可能です。厚生労働省は本当に事業移行を推進しているのか、疑問が残ります。

これまで述べてきたように収入減と日割単価導入により、開所日数を増加せざるを得ないことになりました。このことは職員の労働時間増になります。労働時間が増えれば、支払う給料も増やさなければならないのですが、実際は現状維持せざるを得ない状況です。前述の一日七二七〇円の支援費は利用者七・五人に対して、職員一人の配置で設定された単価なので、いぶきは基準以上に職員を雇用し、かつ、人件費を割いています。各個人の給与を低く抑えて、たくさん職員を雇用していることになるので、これ以上の人件費の持ち出しは仲間の直接の支援に使われる事業費や建物を維持管理していく事務費を圧迫することになるので、不可能です。職員のモチベーションをこれ以上維持するのが困難となり、実際に給料が安く、家族を養えないので退職した職員もいました。有能な人材が金銭面を理由に辞めなければならないことはなんとも遺憾でなりません。職員の流出により、福祉の職場は、職員集団が弱体化されているのです。このことは実践の崩壊につながりかねない重大な問題です。

これらの自立支援法の問題が露呈してきたので、各地方自治体は市町村の独自軽減策に乗り出しました。ある所では、利用者の一割負担の一部を助成したり、またある所では一割負担そのものを全額助成したりしています。地方自治体の軽減策が出てきた時点でこの自立支援法は欠陥と言わざるを得ません。この法律の根幹でもある応益負担に対しての軽減だからです。また、市町村により軽減策がまちまちなので、同じ利用者でも住んでいる所によって、負担が変わってきてしまいます。このことも自立支援法の欠陥と捉えることができます。どこの地域に住んでいても一律に一元的にサービスを受けることを目指すこの制度の理念に反するからです。これらの欠陥を厚生労働省はどう捉え、どう改善していくのでしょうか。

これらの問題が多々あることによって、見通しがなく、不安定な経営を余儀なくされています。それはたび重なる制度改正による先行きの不安から来年度、再来年度単価がどう推移していくかわからない経営の不安定さにつながっていきます。経営が揺らげば、実践も揺らぐ。そして、最終的にそのしわ寄せは利用者にすべていくことを国や県、市町村、事業者や職員など福祉に携わるすべての人が認識しなければならないのです。

3　社会福祉法人事務のあるべき姿

前項で自立支援法のさまざまな問題を例にして、本来の事務のあるべき姿をこの制度の下では生かせられないことを述べてきました。ここで、事務のあるべき姿を私の所感を交えて、述べたいと思います。私の思いが大きい内容かもしれませんが、「これが社会福祉法人の事務である」ということを伝えたいと思います。

「福祉」は事務だけで成り立っているものではありません。むろん、実践現場だけでも成立しません。現場もさまざまな支援内容がありますし、事務も請求、出納、経理、庶務など多岐にわたります。ここでは現場と事務の二つの要素で話を進めます。もし、事務に合わせて現場が動いていくことになったら、どうなるでしょうか。まさしく、自立支援法に絡む実務がその典型例で利用者の生活とかけ離れた書類の仕事が山ほどあり、本来の実践がないがしろになりそうな現状にあります。

また、措置から契約になり、施設の減収が続き、中止せざるを得ない取り組みも増えました。一泊旅行、納会、秋を味わう会、バーベキューなど。これはまさしく、経営が揺らいだことにより、利用者にしわ寄せがいった実例です。一方、現場から捉えると日額単価導入により不必要で細かい個別支援が求められるので、集団的取り組みを成り立たせることがむずかしくなった実例ともいえます。

さらに、パート人件費の占める割合も増え、いぶき福祉会では、以前は二割程度だった非常勤の職員が現場職員の半分以上を占めています。すべて常勤職員で賄いたいのですが、法人設立当初から必要かつ充分なお金が支給されないまま、さらに減収に苛まれたので、非常勤で補充するしかありません。実際に常勤支援員一人分の人件費で非常勤支援員三人を雇用することができます。自立支援法が施行され、職員の人員配置が「常勤」から「常勤換算」という考え方に変化し、職員の非常勤化に拍車がかかる情勢となっています。このことも職員集団を成り立たせることがむずかしい要因になっています。

このように必ずしも完全に現場重視で進んできたわけではありませんが、私は常日頃事務に合わせて、現場があるのではなく、現場に合わせて、事務があるスタンスをとっています。それは現場の話に耳を傾ける、積極的傾聴の姿勢が根本にあります。さらに事務長という管理職の立場として、ただ管理面を強くするだけではなく、施設長に対して、主任支援員に対して、現場職員に対して、微力ながらもスーパービジョンの手法を念頭に入れながら職員と接してきました。少々過言ですが、一日ずっと机に座って事務仕事をしていられないぐらい、なんでもこなしてきましたし、それが社会福祉法人の事務職であると考えています。社会福祉法人の事務はなんでもこなさなければならないと考えています。

一方、事務はお金の管理も重要な仕事になりますが、それは入金してくるお金を淡々と管理しているだけでなく、現場の実践してきたことを残らずお金にしていく使命もあります。しかし、実際にはお金にできていないこともたくさんあり、事務長としての今後の課題でもあります。すなわち相談支援事業（コラボいぶき利用者の個別支援計画が相談支援業務と密接に関係しています）、コラボいぶきの入浴加算の廃止（障害者デイサービス事業から生活介護事業に移行したことに伴い、廃止）、第二いぶき重度重複加算の廃止（授産施設から生活介護事業に移行したことに伴い、廃止）、小規模作業所の日割単価導入（これによって、うずら共同作業所を利用している人も利用料が発生）などがあります。また、コミュニケーションの困難さから利用者同士がトラブルになるときもしばしばありますので、職員が間に入り、利用者同士の会話の橋渡しをするのが主な支援内容ですが、このコミュニケーションの橋渡しの大切さにほとんどお金が支払われていない現状がありますし、福祉の大切な支援である「声掛けと見守り」の大切さが報酬として評価を受けていない現状もあります。仮に「声掛けと見守り」の大切さが高く評価され、報酬が上がれば、福祉に携わる専門職の給料水準も上がりますが、これは同時に利用者にかかる一割負担の利用料も上がることになります。

さらに、重度・重複障害者の方にも対応できるショートステイを運営していくには、現在の報酬単価ではやっていけません。実際に医療機関が実施する場合の単価は一日二万四〇〇〇円で、福祉事業が実施する場合の単価は八九〇〇円であり、かなりの開きがあります。報酬が高ければ、利用者負担も増える現行制度では、より高い給料を望む職員の所得保障と、より低い利用料を望む利用者の所得保障とは相容れない関係になり、このことが当事者運動を相克関係としている要因にもなっています。この両者の利害のずれを解消するには、自立支援法の負の原点とも言える応益負担を撤廃する他にありません。このようにさまざまな現状のなかで経理を司る者として、事務の果たす役割は大きいし、数字を使って社会福祉法人の実態を内外にアピールすることが社会福祉法人の事務のあるべき姿として今、求められています。

4　経理を司る者として

そもそも経理としては理事会で決定された予算が確実に執行されているか、管理するという大事な仕事があります。毎月試算表を作成し、予算を超えて執行されているようであれば、各部所に言及しなければなりません。また、予算執行の管理に徹するだけでなく、理事会・評議員会に提出する予算案も作成します。作成にあたっては、普段から現場を見ながら何にお金を使うべきか考えたり、現場や施設長の意向を反映させたり、財務委員会を通じて、財務担当理事に最終のチェックを受けて、完成させます。

だから、予算は事務だけで作成するものではなく、法人全体で作成し、予算作成の窓口として事務が担当することになります。ここでも自立支援法により経理面においてより煩雑になりました。旧授産施設から就労系の事業へ一部移行した場合には、授産施設会計基準から就労支援会計処理基準へ変更になります。これまでは、食品や下請けなど大まかな事業に分けて仕分けすればよかったのが、就労支援会計処理基準では、食品の品目や下請けの事業内容それぞれに決算帳票を作成しなければならず、さらに厳格に利用者工賃を支払うために就労支援会計三表（就労支援事業別事業活動収支内訳表、製造原価明細表、販売費及び一般管理費明細表）を作成しなければならなくなりました。これまでは枚数で言うと三枚の帳票ですんでいたのが絵巻物のように何十枚にわたります。これでは正確な数字をつかんで経営判断はできません。さらに就労支援会計三表を作成するのに、無意味な按分計算もさせられ、無駄な労力をここでも費やすことになります。しかしこのように会計処理をすることによって、利用者工賃を公平かつ正確に把握することができると厚生労働省は明言しているのです。

当法人では、自立支援法の施行において、年額二〇〇〇万円近い大幅な減収にもかかわらず、職員個人の人件費をカットすることなく、いや、人件費をカットする議論すらのぼらない、逆に本俸を上げる方法はないのかという、前向きな議論が闊達に行なわれました。「福祉は制度である」と同時に、「福祉は人である」と考えるならば、人を支援するために人にお金を費やすのは当然のことだと思います。それが、職員一人一人に充分にお金が行き渡れば問題はありません。

実際に二〇〇六年度は人件費率約八〇%になってしまったにもかかわらず、職員個人に行き渡った給料は充分とは言えません。前述の家族が養えないで辞めた職員がいることを考えると福祉職のワーキングプアといっても過言ではありません。福祉分野は医療、保健分野に引けを取らない専門性が高い分野にも関わらず、社会的地位や給料は低いのです。このことによって、有能な新卒者が福祉を目指さず、採用できない現状があります。退職する職員がいて、採用する職員がいなければ、福祉マンパワーの絶対的不足につながります。常勤で採用できなければ、非常勤で採用するしかありません。このことによって、職員集団の破壊がおき、今まで培われてきた福祉の専門性を後退させることにつながり、強いては実践の崩壊につながります。

現在当法人で誇れることは、基準配置以上に人材を配置していることです。ある福祉業事業所では新聞一面広告やテレビに広告を出したりしていますが、マスコミに宣伝できるほど、福祉は余裕のある仕事ではないですし、宣伝費用にお金を使うのなら、もっと必要なところに費用を充てるべきでしょう。そういう意味でこれほどまでに人材にお金を費やしている当法人の経営は一定の評価はできますが、課題も山積しています。この課題を解決するにあたって、この自立支援法が障壁になっているのは間違いないことです。

また、予算は現場のニーズに応えていく使命があると思います。そのために現場職員の意見も聞かなければならないのです。そのニーズをどうとらえ、予算に反映させるかが、事務員の腕の見せ所になりますし、利用者の訴え（主訴）と本当に利用者にどんな支援が必要か（ニーズ）を絡ませて、予算編成する必要があるので、現場を知るというのは、予算案を作成するうえでも必要不可欠なことなのです。

当法人では、これまで仕事を通じて発達を保障していくという理念を、作業所という形に代えてきました。作業所建設にあたり、必ず自己資金が必要となり、自己資金を借金して毎年の運営費から返済するのが一般的ですが、当法人において、自己資金はすべて市民からの善意の寄附を充ててきました。第二章で林論文が述べたこの動きは、経営面において、大いにポジティブな要因であると解釈することができます。当法人が建設自己資金を寄附で賄ってきた総額はざっと二億円になり、これを二〇年で返済すると仮定すると毎年一〇〇〇万円必要になります。そうなると収入から最優先して返済に回し、残った金額で人件費や事務費、事業費を賄わなければなりません。逆に言えば、毎年一〇〇〇万円は運営費として使えないお金ということになります。二〇〇〇万円も大幅な減収に見舞われた二〇〇六年度に仮に一〇〇〇万円返済することになれば、到底不可能ですし、人件費率八〇％を超え、職員給料の引き下げの議案が理事会・評議員会で可決され、執行され、職員のモチベーションは今以上に下がり、実践の崩壊につながったことでしょう。当法人がこれまで歩んできた道は、健全で意味のある動きであることが経営の側面からも見ることができます。この動きに後援会の活動は必要不可欠であり、今後も当法人を支えていただくためになければならない活動として位置づける必要があります。

今後の課題は、利用者のＱＯＬのさらなる向上と親亡き後の生活保障でしょう。そのために、何をしなければならないのか、どんな設備が必要なのか、どんな職員の質が求められているのか、検証しなければなりません。それを実現するために、やはりお金は必要であり、また、それが真のニーズであるならば、お金を投資して当然なことなので す。が、今でも、必要かつ充分なお金がもたらされていないのに、これからもお金が入る見込みは到底ないでしょう。これで真の福祉ができるのか、疑問が残ります。

5　私の福祉観

私はなぜ福祉を志しているのか、そういう切り口から本当の福祉を垣間見えたらと思います。

自立支援法のなかに出てくる「自立」という言葉があり

ますが、自立とは何でしょうか。自立支援法を着実に実行していくことが自立につながるのでしょうか。「誰でも当たり前のくらしを！」。これを唱えたのが、私が学生時代に知り合った筋ジストロフィー症の彼でした。彼は自分と同じ障害がある友人が病院で死んでいく様を見て、一生病院にいるのではなく、アパート暮らしがしたいと願い、すべてボランティアの介助によって、一人暮らしを実現することができました。彼はもうこの世にはいませんが、絶えず私の頭のなかにあるのは、彼の望んでいた暮らしがどのようなもので、いつ実現できるのかということです。現時点では働いている所や住んでいる所に利用料を払う仕組みになっていますが、それは彼が望んでいた暮らしとは到底程遠いでしょう。一般企業で働いている会社に自分の給料以上の利用料を払っている人は、おそらくいないでしょう。また、自分の住んでいる借家に家賃を払うことはあっても、それ以上のお金を払うことはまずありません。なぜ、障害者は利用料を払わないといけないのか、その考え方自体が矛盾です。そのような疑問から始まり、彼が望んでいた社会を実現するために私は日々仕事をしています。

しかし、「誰でも当たり前のくらしを！」に辿り着くには、理想と現実とのギャップを乗り越える必要があります。理想は福祉観を大いに語り、実現に向かって、運動を展開し、真の福祉を切り開いていくことです。現実は、高卒や大卒で福祉の仕事に就いても給料が安いので、働き手がいません。就職できたとしても、結婚して子どもができれば、家族を養うこともできません。女性は出産を控えているので、出産、育児と両立しながら現場をこなす環境が整っていません。その結果として、法人で人材を育てたのに、数年で退職されてしまいます。

また、すべて常勤にすると、人件費がパンクするので、非常勤を採用していますが、利用者が家に帰る時間は非常勤も仕事を終える時間なので、常勤と非常勤と意思を確認できる時間がなく、時折食い違いが生じることもあります。さらに、通所作業所は送迎業務や下請け品を納品する業務があり、なかなか就業時間内で終わることは困難です。給食も支援の一環として考えているので、給食は利用者といっしょに食べ、昼休みもいっしょに過ごすことが多いのです。労働基準法を遵守するために労働組合を立ち上げ、さらなる労働条件の改善も必要なことでしょう。こう考えると理想と現実とのあいだにはかなり大きな開きがあります。さまざまな現実を直視すると職員のモチベーションは下がってしまい、このことは実践の質の低下を招きます。そこで考えなくてはならないのが、各々個人の福祉観と当法人の掲げている理念を照らし合わせ、考えを擦り合わせることが重要になってきます。ここで、当法人の理念を挙げますと、

＊「どんな障害者も、生き生きと暮らしていける社会の実現を目指し、障害者自身とその家族、職員、地域の人々が、力を合わせて活動していきます」

＊「労働を通して障害者の発達を保障していきます。生活体験を広げ、人間らしく豊かな生活を目指します」

＊「障害者の権利保障を追及していきます」

（いぶき福祉会パンフレットより）

この理念実現のために制度はどうあるべきなのか、どんな人材が必要なのか、お金はどのくらい必要なのか、絶えず検証する必要があります。福祉専門職の誇りをもって、この理念に合わせて、自分の思いを形成していく不断の努力が必要であると考えます。

事務、経理、労務管理から軌跡、福祉観、理念まで幅広く論じました。真の福祉から外れることがなくなり、福祉の発展を切に願い、真の福祉を実現していく努力が必要です。

3　現場責任者の立場から福祉施設職員のあり方を考える

纐纈栄司

1　福祉職の仕事について考える

私は友達や知り合いの方にどんな仕事をしているのと聞かれ、「障害者施設で働いている」と答えると、「障害者のお世話しとるの、大変やね」などと言われることが多々あります。私はこのような言葉を聞くたび、「福祉職」＝「ボランティア精神がなければできない」というような風潮がいまだ根強くあり、福祉職の社会的評価が低いということを感じ、思わずすぐに「どんな仕事も大変ですよね」と答えます。

しかし、私は福祉の仕事が大変であるとも思っています。しかしその理由は、障害者や高齢者などのお世話をするから大変ということではありません。

今回、福祉職の仕事を考えるにあたって「福祉」という言葉を福祉用語辞典で調べてみると、「福」と「祉」は、「しあわせ」や「ゆたかさ」を意味する漢字で、「福祉」(welfare, well-being)は広義では「幸福、安寧」や「良く生きること」などを指すと記されています。そして社会福祉とは社会保障の一分野として構成されていて、社会保障（social security）とは日本国憲法第二五条の生存権「すべて国民は、健康で文化的な最低限度の生活を営む権利を有する」「国は、すべての生活部面について、社会福祉、社会保障及び公衆衛生の向上及び増進に努めなければならない」を根拠とする、と規定されています。

私が、福祉職が大変だと考えているのは、この憲法二五条の生存権に基づき障害者や高齢者、児童などの『幸福、安寧な健康で文化的な生活を営む権利』を守り、支援していく責任が重い職種だと考えているからです。

2　私たち（福祉職）をとりまく現状
——増える非常勤雇用

私は措置制度・支援費制度・障害者自立支援法へと変わっていく過程を経験しています。

その経験からコロコロ制度が変わったため、事務作業などの増大にともなう職員の疲弊、制度に対する不信感、自分たちの職場はどうなるのだろうという将来への不安感などをいだきながら仕事をしている現状があるのではないか、と考えています。

このことは大きな問題です。なぜかと言えば、障害者や高齢者、児童などの『幸福、安寧な良い人生を支援していく』という福祉職の私たち自身の人生について、不安を感じながら、はたして本当によい支援ができるのだろうか?と考えざるをえないからです。

実際に介護保険におけるケアマネジャーの燃え尽き症候群については、新聞などでも取り沙汰されています。利用者のことを一生懸命考えてケアプランを立てるのだが、現実に利用できなかったり、膨大な事務作業に追われてしまい利用者との時間を充分もてなかったり、と理想と現実のギャップを感じてしまい燃え尽きてしまうことがあるとのことです。

私たちの知的障害分野の職場ではどうかというと、やはり支援費制度以降、利用契約のための契約書、個別支援計画の作成、請求事務などに追われる日々を送ってきています。ただし、支援費制度は、利用者の自己選択・自己決定といった、人としてあたり前のことが保障されるといったよい成果もあり、社会資源の量、質ともに上がっていった制度であるとも考えています。しかし、現在障害者自立支援法（以下、「自立支援法」と略）のもとで推し進められる自己決定と自立は、「自分のことは自分で決める」ことより、むしろ「自分のことは自分でやる、責任をもつ」ことを強調しており、そのことでの矛盾も私たちを不安にさせる大きな原因の一つと考えます。

また、雇用面では、常勤雇用が少なく、パート、アルバイトが多くなってきていることが挙げられます。これは、労働集約型であり補助金や介護報酬のみで経営しているという特性上、人件費抑制やサービスを向上するべく、最低基準以上の人員を雇うために非常勤比率を高めざるを得ないからです。

二〇〇七年度四月に第二いぶきは、利用者への支援体制の維持・向上と、日割り単価による経営状況の改善を目的に、旧法の授産施設から自立支援法の生活介護事業への移行を慌ただしく行ないました。この事業移行にて再度自立支援法の問題点について考えさせられました。

たとえば生活介護の単価は利用者の障害程度区分の平均値と区分5、6といった方が何%いるかということで一一段階にも分けられており、単価設定により職員配置基準も細かく決まっています。また、事業移行後三か月、六か月、一年によって単価設定の基準を上回っていなくてはいけません。私は実際に半年ほどパソコン上で利用者の平均値と区分5、6のパーセントを計算していました。毎月、区分6の方の長期休みが出ると単価設定が下がってしまうのではと不安と矛盾を感じながら計算していました。

なぜ不安と矛盾を感じるかと言えば、利用者の体調が悪くどうしようもなく休まなくてはいけないことと、単価が下がることがあれば利用者への支援体制の維持が困難となり、また職員の雇用を守れなくなることとが否応なしに結びついてしまうからです。

このようなことは、職員の人材育成にも大きく影響してきます。研修の時間、予算の確保をすることが難しくなるからです。また、実際に非常勤比率が上がり、日額報酬での施設の減収などにより、研修に出て行くことが難しくなってきているという話を聞くことも少なくありません。しかし、いぶき福祉会ではこのような時期だからこそ、人材の育成に力を入れています。法人の研修委員会があり、新人、中堅、指導職、非常勤研修、実践紀要検討会などを行なうことで人材の育成を行ない、実践の質の向上に力を入れています。

いぶき福祉会では年に一回外部講師にきていただき、実践紀要検討会を行なっています。常勤職員は一人一本必ず実践紀要を書くこととしています。ただし決して書くことを目的にしているのではなく、日々の実践を振り返り考える機会をもつこと、職員集団で議論して、一定の方向性をもって集団で実践していくために行なっています。職員集団で議論することはとても大切です。中堅職員から新人職員に実践の楽しさ、困難さなどを伝えたり、逆に新人職員の新鮮な視点を知ることでの実践の見直しができたり、私たちの仕事の一番の楽しさであり、困難でもある、利用者の成長していく姿を共感することができる機会にもなるからです。

それだけでなく新人、中堅、指導職研修では、それぞれの職域で抱えている課題を明確にし、解決への糸口をみつけられるような研修を行なっています。とくに中堅職員研修は、中堅職員本人の課題と法人の今後の事業展開をにらみながら、一週間程度先進施設にて研修してきてもらっています。このことは、中堅職員が一週間抜けてしまうため、現場にはとても負担をかけることになりますが、中堅職員が将来に対する展望をもち、法人の事業展開の柱になって働いていってもらうための大変重要な研修となっています。

3　福祉職の専門性について考える

私は、小・中・高校時代に何度か知的障害のある方に出会う機会に恵まれました。そして、知的障害のある方たちのことをもっと知りたいという気持ちで社会福祉科のある大学に進学しました。大学では知的障害の勉強ばかりではなく福祉全般について学ぶこととなりました。大学三年時のゼミは知的障害分野のゼミに入りたかったのですが、社会福祉行政のゼミに入ることとなりました。はじめは自分の希望したゼミと違うこともあり、なかなか気持ちを前向きにして授業に向かえませんでしたが、社会保障の歴史などを学ぶにつれ、社会福祉は国の歴史や施策に大きく影響されることを学びました。

いぶき福祉会で働き始めて大学で社会福祉行政を学んで

いたことは、大きな視点で社会福祉をみることができ、とてもよかったと感じました。しかし一方、現場で知的障害のある方の支援をしていくなかで、知的障害についての知識が少ないことで適切な支援ができなかったと思われることも多々ありました。また、知的障害と大きなくくりになってしまっていますが、そのなかには自閉症、ダウン症、重症心身障害、てんかんがある方などさまざまな困難をかかえる方々がみえ、それぞれの障害についても専門的に学ぶ必要がたくさんあります。

　私が現在一番問題と考えていることは、知的、身体、精神障害を一本化してしまった自立支援法により福祉職の社会的評価、専門性がよりいっそう曖昧なものにされていってしまっているということです。おおげさかもしれませんが、医療の分野でいえば内科・外科・整形外科などを一本化するようなことです。今後、介護保険への統合などが進めばよりいっそう福祉職の専門性は失われていくのではないかと、とても不安を抱いています。

　私は、福祉職の専門性として社会福祉全般に対する知識を広く学ぶとともに、知的、身体、精神障害、高齢者分野がそれぞれの現場での支援を検証し、理論化していき支援の質を高めていくプロセスが大変重要だと考えています。だからこそ私は、現在の自立支援法が福祉職の専門性を無視し、効率だけを重視し社会福祉施策を一本化していくことに疑問を感じています。

　また、前項一三〇ページでも述べたように自立支援法施行後、生活介護事業の単価設定のための計算や、煩雑な事務作業を施設の中堅職員が行なわなければいけないような現状があります。このことにより、利用者の「思い、ねがい」を引き出し、寄り添い、実現していくために支援の中心にならなくてはいけない職員が支援現場にいる時間が減り、時間外の事務作業が増えることで、本来、専門職として行なわなくてはいけない支援の検証、その検証を理論化し支援の質を上げていくことが、困難となっている現状に憤りを感じています。

4　利用者の「思い、ねがい」を引き出し・寄り添い・実現していける職員に

福祉の仕事はコミュニケーション労働といわれます。なぜコミュニケーションが必要なのかと考えると、利用者がどのような「思い、ねがい」をもち、どのような生活を送りたいのかということを共有することなしに、支援することなどできないからです。

私は、知的障害施設職員は知的障害のある方の「思い、ねがい」を引き出し・寄り添い・実現できるように支援する人であると考えています。「思い、ねがい」を引き出すと簡単にいいますが、知的障害のある人たちのなかには、とくに言語によるコミュニケーションを苦手とする方々が多くみえます。また、社会的な経験不足などにより、何かを「やりたい・やりたくない」という思いを表出しにくい方がたくさんみえます。私たち職員は、その方たちの「思い、ねがい」を出してもらうため、仕事や療育活動や身体介助などを通してのコミュニケーションを大事にし、その方法についても創意工夫していくことが必要です。そして、何か「やりたい、やりたくない」という思いを実現していくためには寄り添うことが、とても大事になります。

現在私が担当している第二いぶき「こらぼ」の部屋の利用者は言葉によるコミュニケーションができない方が多数みえます。しかし、目の動き、舌の動き、声のトーンなどさまざまな表現方法で「思い、ねがい」を職員に伝えてくれます。ただし、初めからその「思い、ねがい」を伝えることができたわけではなく、また職員が理解できたわけではありません。第二いぶき「こらぼ」では、利用者が「思い、ねがい」を伝えてくれる取り組みとして、毎週一回音楽療法を行なっています。

現在、セラピストの先生がはじまりの曲をピアノで演奏すると、全員の視線が先生に向けられます。そして、セッションがはじまり、先生が楽器を手に取り「一番にやりたい人」と声をかけると、それぞれのアピール合戦がはじまります。体全体を揺らしたり、目を大きく見開いたり、声を出したり、それぞれの表現方法で先生にアピールします。ただし、皆が一番に演奏できるわけではありません。

そのとき、先生は職員と利用者とのやりとりをみながら、その日の一番の人を指名します。なぜ職員と利用者とのやりとりをみて一番の人を決めるかと言えば、一人ひとりのその日の体調や前日までの生活の様子などを知っているのは職員で、体調の悪い方や気持ちが不安定な人などにいきなり指名してしまうと、楽しいはずの音楽療法が楽しくなくなってしまうからです。もし、その人が次の回で体調が良くても、自分からやってみたいというアピールは出てこなくなってしまうでしょう。

簡単に「アピール」という言葉で表現してしまっていますが、アピールの気持ちが出てくるには一か月で出てくる人もいれば、一年かかる人もいます。そのため、一人ひとりのごくわずかな変化も見逃さないために、先生と音楽療法の集団としての目標や取り組み方、一人ひとりに対する目標や対応の仕方などを共有するために、お互いに音楽療法中の記録を取り、ファクスでやりとりをして翌週の音楽療法に向けての確認を行ないます。先生には一人ひとりの最近の生活の様子、たとえば気に入っている歌手や体調の良し悪しなどを細かく伝えるようにしています。このような丁寧なやりとりを行なうことで、とても小さなアピールもしっかりと受け止めることができています。また、丁寧なやりとりを通して利用者も音楽療法への見通しをもち不安なく活動に参加することができます。

そして、もっとも大事だと考えているのは、集団のなかで「あの人のようにやってみたい」「あの人がいるから安心できる」「あんなふうにできるかな……」。あこがれや安心、不安や葛藤など「心が動く」経験を集団のなかでしてはじめて自我が育ち、やってみたいという「思い、ねがい」をアピールできるようになるということです。そして、集団のなかで「思い、ねがい」がアピールでき、自分のことは自分で決めるという「自己決定」をすることができたとき、「自立」への第一歩になると考え支援しています。

その一方で、「一般就労してお給料を多くもらいたい」「一人暮らしをしてみたい」という思いをもってみえる方もたくさんいます。しかし実際には一般就労については、障害者雇用促進法に定める法定雇用率が達成されてないような状況があるのも事実です。

障害基礎年金が、社会保障のセーフティーネットである生活保護費より低い現状のなかで、暮らしの場面ではホームヘルプサービスやグループホーム、ケアホームの利用に、応益負担の考え方が導入され利用しづらくなっています。「自己決定」できる環境がないところに、「自分のことは自分でやる、責任もつ」を強いられるのが自立支援法の「自立」であるところに、大きな矛盾を感じています。

だからこそ、いぶきの実践においては、利用者一人ひとりの「思い、ねがい」を実現していくために、職員が障害についてのしっかりとした知識をもち、利用者や家族の思いに心から寄り添い、「思い、ねがい」を実現していくプロセスにおいての変化、成長の喜びを本人、家族、職員集団、関係者とともに共感し、職員が同じ目線に立ちコミュニケーションを図ることをとても大切にしています。そして、共感できたことを次のステップへの原動力にして、次の「自立」への実践を創造していくことが、私たち福祉職の専門性を高めていくことにつながると考えています。

5　福祉施設の中堅職員にいま求められていること

私は、いぶき福祉会で働き始めて九年目に入っています。現在は主任支援員という立場で現場を任されています。これまで私なりに福祉職、その専門性、職員の仕事について大事にしていかなければいけないことを考えてきました。

ここでは、私自身も含む中堅職員として求められる仕事について考えていきたいと思います。

自立支援法の障害程度区分認定の内容、ケアマネージメントの手法の導入、個別支援計画の作成、サービス管理責任者の設置などをみると、明らかに介護保険との統合をにらんだ制度になっています。中堅職員はこのような内容に問題意識をもち、障害者が介護保険制度には馴染まないことを明らかにしていく必要があると考えます。

介護保険制度では、給付管理に特化されたケアマネジャー、低賃金の労働力確保のためケアワーカー、経済効率の論理のみが優先されています。自立支援法のサービス管理責任者の考え方も、利用者六〇名に対してサービス管理責任者一名以外は常勤換算にて非常勤職員でよいというような制度になっています。このような制度で本当に利用者の「思い、ねがい」を引き出し、寄り添い、実現していけるのでしょうか？　また、私たち職員の雇用は守られていくのでしょうか？

私は、ケアマネージメントの手法自体は悪いと思ってはいません。ただし、障害者のケアマネージメントは介護保険のように、社会資源の利用調整を行なうような形で現場から切り離して行なうのではなく、先ほどの音楽療法の取り組みで書いたように、集団のなかでの、あこがれや安心、不安や葛藤など「心が動く」経験のなかから生まれた「思い、ねがい」をアピールして「自己選択」したことを、一人ひとりの本当のニーズとして大事にして、その過程（アセスメント→ケアプラン→サービス調整・サービスの実施→モニタリング）を実施することが必要であると考えます。だからこそ一名のサービス管理責任者でコミュニケーションが困難な知的障害のある方たちの「思い、ねがい」を引き出し、寄り添い、実現していく個別支援計画を作成することは不可能であると考えます。

現在、いぶき福祉会では各部屋（一〇〜一五名）に、少なくとも常勤職員一名の責任者を配置しています。この責任者を中心に個別支援計画の作成を行ない、ケース会議などの話し合いを通して、日々の支援に対して職員が共通認識をもって支援できるようにしています。

そして、今この時期だからこそ、責任者に求められることは、利用者、家族、関係機関などとのコミュニケーションを密に図り、「思い、ねがい」を現場の生の声として聞き取り、どんな社会資源や仕事、日中活動が必要であるかを職員会や理事会や行政機関に提案し、実現していくことです。そうして利用者の成長をともに喜びあえる関係づくりをしっかりとしていくことが大切であると考えています。現在、いぶき福祉会では日中においては一〇〇名ほどの利用者が仕事や音楽療法などの活動を行なっています。仕事では、まだまだ障害基礎年金と給料を合わせても決して豊かに生活できるほどの所得保障ができていません。そのためには障害基礎年金の引き上げ、給料保障に対する取り組みが必要であると考えています。

夜間の生活をかえりみると一〇名ほどの生活しか保障できていません。私は、保護者の方の高齢化を考えると夜間の支援体制を整備していくことは急務であると考えます。

また、職員においては、結婚、子育てなどのライフスタイルの変化が出てきていることも考えると、労働条件の整備なども考えていかなくていけません。職員の生活も「自分のことは自分でやる、責任ももつ」という自立論ではなく、きっちりとした職場環境が整い、それぞれのライフスタイルの変化に応じて選択できるような社会全体のシステムづくりに取り組んでいかなければなりません。

だからこそ、私たち福祉施設の中堅職員が中心となり「すべて国民は、健康で文化的な最低限度の生活を営む権利を有する」「国は、すべての生活部面について、社会福祉、社会保障及び公衆衛生の向上及び増進に努めなければならない」という、この憲法二五条の生存権に基づき、障害者や高齢者、児童などの『幸福、安寧な健康で文化的な生活を営む権利』を守り、社会全体に認めてもらえる実践、事業づくりをしていくことが必要であると考えています。そして、福祉専門職が必要であるということを証明していくことが今求められていることと考えています。

仲間たちの声（後編）

構成・森　洋三

〈座談会出席者紹介〉

★**大山隆司さん**（二四歳）……養護学校中学部を卒業後、第二いぶきを利用。利用して九年目。たくさん仕事ができるようになりたい。

★**川添博さん**（二五歳）……養護学校高等部を卒業後、第二いぶきを利用。利用して八年目。趣味の時間を増やして、友人とたくさん語り合いたい。

★**小岩孝雄さん**（二七歳）……養護学校高等部を卒業後、第二いぶきを利用。利用して九年目。お金をたくさんためて、車を運転したい。

＊どうしていぶきに来たのか＊

大山　社会に出て僕もみんなといっしょにできたら、と思ったから。

本当は高校に行きたかったけど社会のほうが仲間、友達も多いし遊べるし、仕事もいろいろできるから。

苦手な仕事とかもできて社会になじんでいけるから。

小岩　高校卒業して、それから社会人になってお給料をためて運転免許を取ろうと思った。

大山　三〇万くらいかかるしね。

川添　三〇万以上かかるし絶対無理だから。

少しでも自分で自立した生活ができるようにと思ったから。

クッキングとか散歩とかプールとか、まあそういうこと。

＊いぶきに来て変わったと思うこと＊

川添　人間性が成長できたこと。

水谷さんと、まさに仲間を超えた男の友情があるから成長したかな。

仕事、失敗を糧にして、失敗しないことを心がけている。

小岩　部屋（活動グループ）が変わってびっくりするなと思った。ニコニコして、あとワークス（活動グループの一つ）の仲間としてしっかり仕事をやっている。ときどきもじもじしてしまうけど、みんなと話ができるようになった。

大山　一〇代のときよりも二〇代のほうが優しさがだいぶアップしてきたなぁと思うこと。

あと親切にするのが二〇代のほうが多くなったと思う。

川添　けっこう優しくなってきた。

大山　仲間に対してでも親切になったねと言われることが多くなりました。

仕事は洗濯機（の部品）でだいぶある「いっすいこう」（プラスチックの部品の取りつけの仕事）とか、今までや

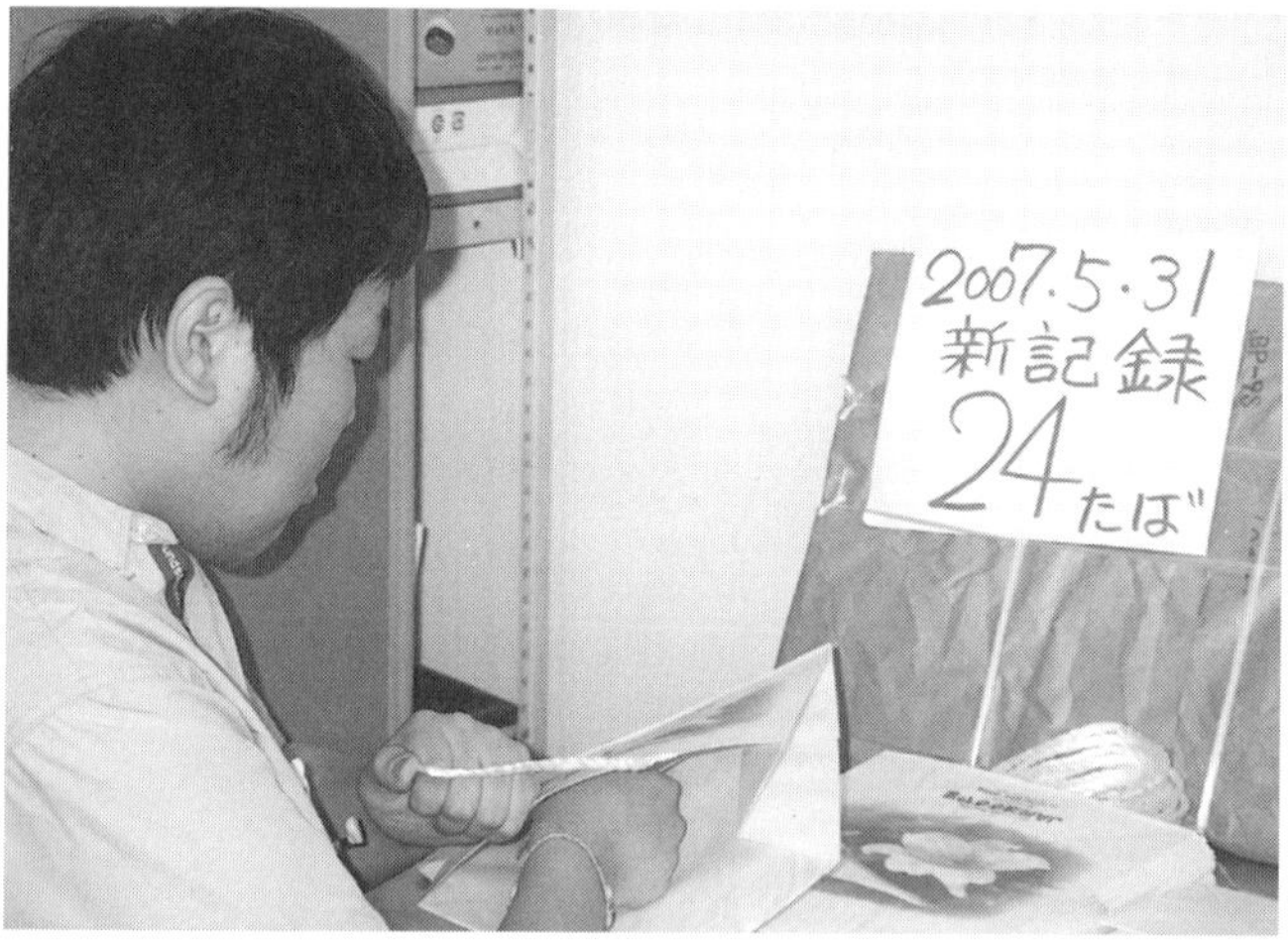

記録更新中！　僕は仕事に集中するぞ！

ってなかった苦手な底入れ（紙製の手提げ袋の底を取りつける仕事）とかがだんだん得意になってきた。音楽を聴かなくても慣れて、集中も今までしていなかったけどしてきた。

＊いぶきで楽しいこと、将来の夢＊

小岩　将来の夢は給料をためて免許を取ること。

大山　むずかしいよ。

川添　人の命そのものを左右することだからむずかしいと思うよ。

小岩　楽しいことはみんなに感謝していること。給食はとってもおいしくて幸せです。

川添　楽しいことはいぶきまつり、なつまつり。水谷さんとの男の友情、仲間を超えた究極の……。夢は医療と竹内クリニック（第二いぶきの嘱託医）と連係プレーで風邪をひいたりせずに、たとえば予防注射とか（をうけて健康ですごしたい）。場合によってはよき相談相手、話し相手になってくれること。

大山　ジャーナリストとか？

川添　よく知ってるね、たとえばそういうこと。筑紫哲也って知らない？

大山　ＮＨＫ見ないもん。

川添　大山さん優しくなったね、昔はこわもてという感じがしたけど、やくざとか。

大山　優しい面もあるよ。楽しいことは仕事かな、集中したいから。夢はあんましない。仕事ではたくみ（製菓を仕事とする活動グループ）のやっとるようなケーキ作りとか、そういうのもやってみたいと思っとるんやけどね。

紙すきの仕事の準備

[第5章]

いぶきとともに歩む人

柴田健吾／飯島健二／森山 寿

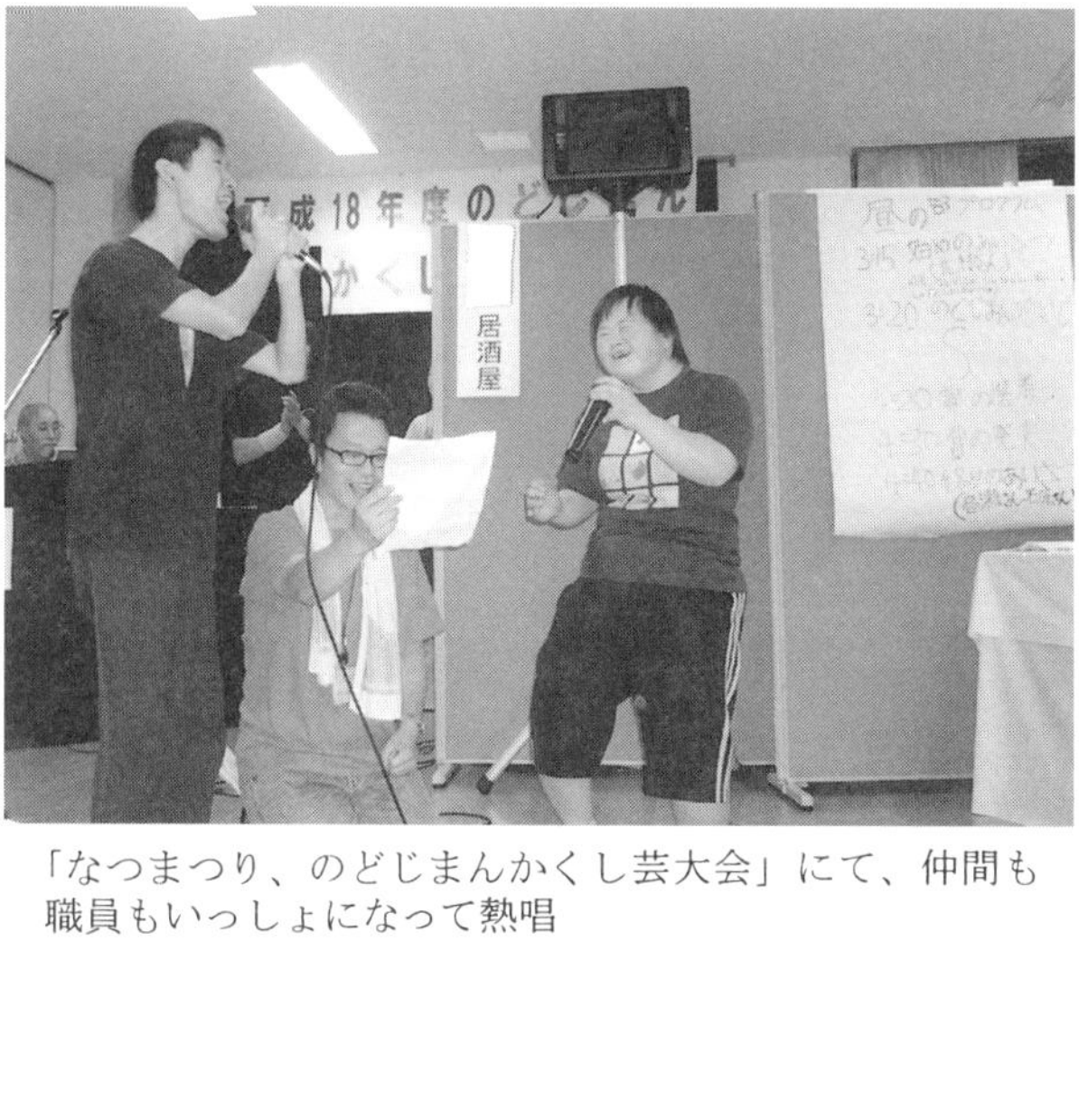

「なつまつり、のどじまんかくし芸大会」にて、仲間も職員もいっしょになって熱唱

【座談会】

みんなのいぶき——保護者の目を通して

柴田健吾（まとめ）

二〇〇七年九月二〇日、いぶきの歩み、現在思っていること、将来のことなどについての座談会を行ないました。座談会の参加者は、いぶき福祉会の設立に関わってこられた松原真由美さん、前川久美子さん、井川ますみさん、長村敬子さんです。

松原さん、前川さん、井川さんはいぶきや第二いぶき利用者の親であり保護者会員として、長村さんは以前お子さんがいぶきを利用されていて、今は後援会の幹事として活動に積極的に参加していただいております。内容が多岐にわたっていますので、筆者の感想を交えながら紹介させていただきます。

1　二度の募金活動を乗り越えて——いぶきの歴史

最初はいぶき福祉会設立に向けての話から始まりました。「当時は重度の障害のある子どもの入れる施設がなく、とにかく必死だった」という言葉のとおり、重度の障害のある子どもは、当時、養護学校を卒業したらそのまま在宅になってしまうケースがほとんどでした。

そのため施設の設立を目指して、たくさんの重度の障害のある子どもの親たちのグループがあり、それぞれがバザーなどの活動を続けていました。重度の障害がある子どもたちの卒業後の働く場を作るために活動していた「岐阜地区に共同作業所を作る会」の竹中隆晟さんに、他の保護者たちが活動してきた「にんじんの会」などがいっしょになり、学校の先生方、今のいぶき福祉会の理事や評議員になった方々も参加して、「いぶき福祉会設立準備会」が作られました。

しかし福祉会の設立には大きな壁がいくつも立ちふさがりました。とくに一つ目の施設「いぶき」を建てるためには自己資金四五〇〇万円がどうしても必要でした。「市民立」をめざし、一人でも多くの市民といっしょに施設作りを、と募金活動に取り組んでいましたが、期限まで半分が過ぎてもほとんど集まっていない状況でした。毎日毎日、夜遅くまで会議が開かれ、日付が変わることも少なくありませんでした。会議に参加していたのは、親だけではなく、今の理事や学校の先生もいて、親にとっては自分たちの子どものために頑張ってくれていることがとてもうれしく感じ、「頑張ろう」という気持ちになれたそうです。同様に理事になった方たちも、親たちの頑張りを感じたから、自分たちも力を出すことができたと話されました。

最終的には何とか予定の金額を集めることができました。どうしても子どもたちのために何とかしたい、という親たちの気持ちがたくさんの人たちの心を動かし、総額四五〇〇万円にものぼる自己資金を、全国各地の七〇〇〇人以上の方の協力を得て集めることができたのです。そして念願の社会福祉法人を設立することができました。

いぶき福祉会の最初の施設「いぶき」は定員いっぱいで開所したので、開所したその年から利用希望者が待機している状態でした。二年後には小規模作業所の「うずら共同作業所」ができましたが、いぶきを希望する人はどんどん卒業を迎えてきます。そこで岐阜市内にもうひとつ施設を建設することとなりましたが、またもや苦難の連続でした。

土地探しに苦労し、最初に予定していた場所に建てることができなくなりました。次に別の場所が候補に上がり、近所の人を集めて説明会を開いたとき、「説明的なことではなく、感情に訴えるようなことを言ってほしい」と言われました。ただ施設を作りたいということだけでなく、子どもたちがそこに通うことで本当に生き生きとした顔をすることができるようになる、という話をしたことがとても印象に残っているそうです。そして場所が決まると再び募金活動が始まりました。

ここでも本当にたくさんの方の善意をいただくことができました。二度の募金活動を通したいろいろな経験が語られました。学校時代の名簿を出してきて、全員にお願いの手紙を出した保護者がいました。何かの集まりがあるたびに、お子さんを連れて募金のお願いに出かけた人もいます。子どものためにと保護者自身が貯めてきたお金をそのまま寄付された人もいます。難病のため長良病院に入院している障害のある方ご自身からの寄付もいただいたそうです。「ご自身も大変なのに、人のためにという思いに本当に感動したし、うれしかった」と語られました。

募金活動の途中に「金だけ集めてもし建たなかったらどうするんだ」といったことを言われることもあり、「絶対に最後まであきらめない」という気持ちになったそうです。もちろん大変な毎日でしたが、募金をいただいた方への領収書を書く作業をしていた人は、「初めのうちはあっという間に終わってしまっていたけど、日に日に書く量が増えていって、遅くまでかかるようになってしまった。大変だったけれどなんだか楽しかった」と当時の気持ちを語ってくれました。

そんな皆さんのがんばりに支えられて「第二いぶき」は完成しました。「誰のものでもなく、障害のある子どものために作られたみんなのものである」ということ。その事実は作ってきた保護者として、決して忘れてはいけないことだと思うと強く語られたのでした。

2　いぶきに期待すること——支援内容

「どんな重い障害のある人でも通える施設を」という親の願いから始まり、親たちの力で作られていったいぶきにはやはり期待されること、求められることがたくさんあります。いぶきが出来てからの約一二年、情勢や施設のかたちも変わっていくなかで、重度障害のある子どもの親として、変わらずに持ち続けている思いがあります。それは「いぶきは単に子どもを預かってくれる場所ではなく、重度障害のある子を大事にして、発達を保障してくれる場所」ということです。

授産施設である以上、ある程度は仕事が中心の日課になることは仕方ありません。以前やっていた仕事で園芸のポットの仕事がありました。それをやっていた重度の障害のある仲間が、親といっしょに買い物に出かけたときにポットを見つけてじっと見ていたそうです。また観光地でひも通しの仕事をしている紙袋を見つけることもあるそうです。

それは、働いて社会とつながっているということを感じられる出来事であり、大事にするべきだと思います。ただ、支援をする側の自己満足にはならないようにしなくてはいけません。お金と物とのつながりがわからない仲間にとっての仕事は、量でははかれないものです。

職員とのやり取りをするノートのなかで「今日は袋の仕事をたくさんできました」という言葉を見ると、逆に作業室が忙しく仕事に追われている様子が想像でき、「それは違うんじゃないのか、袋の仕事ができても将来何の役にも立たない」という思いをもってしまいます。

以前、保護者会で見学に行ったある施設についての話がありました。そこでは仕事としてクッキー作りをしており、実際にクッキーを作れる人は数人しかいないけれど、作るときにはみんなで集まって、作っている人を応援したりするそうです。忙しいときには応援団なしで作ることもあるそうですが、「では、生地をこねまーす」と報告して、みんなで拍手します。そうすると出来上がりのおいしさがぜんぜん違うそうです。同じ場所で、みんなといっしょのことに関わっているということを感じられることで、働いている意識や、社会の一員というプライドを本人が感じるのではないかと思います。

障害の軽い人が仕事を頑張っている雰囲気を感じて、重度障害の人がいつもより頑張って起きていることができたり、反対に障害の軽い人も重度の人の分まで頑張るとか、重度の人の頑張りを見て自分も頑張ろうという思いになるということもあると思います。そのみんなの様子に、職員が気づけるかということが、子どもにとって大きなことだと話されました。

また、「仕事に追われて一日を過ごすのではなく、ゆったりとした日課のなかで楽しく過ごしてほしい」という気持ちが重度の障害のある子どもの親には強くあります。仕事だけの日と、重度の人たちだけのゆったりした外出のあった日とでは、家に帰ってきたときの顔が違う、充実した顔をして帰ってくる、という話もありました。「昔は全体のペースがゆっくりで、よく散歩に行ったり遊びに行ったりしていたのに、最近は毎日仕事ばかりで本当に子どもたちが楽しんで過ごせているのかが心配」。また「障害者自立支援法が始まってから収入を上げるために、軽度の人の支援に偏ってしまっているのではないか」という意見もありました。それと同時に、「学校を卒業して社会と関わって、働くということをしているのなら、そこに賃金が支払われるのは自然な流れ」という意見もありました。

保護者のなかには「もっと働けるはず」「もっと給料を稼いできてほしい」と願う人もいます。また仲間たち本人の気持ちもあります。「ゆっくりと楽しく過ごしたい」と思う仲間もいれば、「バリバリ仕事をしてたくさん給料をもらいたい」と思う仲間もいます。

職員もいろいろ思います。ゆったり楽しく過ごすことが大事だとも思いますし、大人になってそんな生活ばかりでよいのか、とも思います。できれば社会の一員として、働くことに参加してほしい、少ない工賃でも、働いた価値として支払いたい、とも思います。職員の立場にしてみると、自分たちの支援の成果をはかるものとして一番わかりやすいのが仲間の給料です。もちろんそれがすべてだと思ってやっているわけではありませんし、いぶきの理念にもあるように「労働を通して仲間たちの発達を目指し」ているのですが、数字で見ることができ、また一年ごとに成果を見ることができるので、どうしても仕事をして給料を上げることに偏ってしまうということもあります。

3　職員集団のあり方と親とのつながり

職員集団についての話もありました。人件費の問題から、正規職員よりもパート職員の数が多くなってしまい、作業室に正規職員が一人しかいないという状態が普通になってしまっています。親との懇談やノートでのやり取りもほとんど正規職員しか行なわないため、女性利用者のトイ

宿泊の夜のすごし方。「最近の福祉情勢はどうかな？」。
今夜は勉強中

レについてのことなど、男性の職員と親のあいだではきちんとした話をすることができません。そのため、「懇談をしても時間の無駄」という厳しい意見もありました。正規職員とパート職員のあいだでしっかりとした話し合いがもたれていないという問題もありますが、根本的な解決をすることはできないため、親に不信感を与えてしまう大きな原因になってしまっています。

また職員の入れ替わりが激しいという話もありました。これは福祉業界全体に言えることだとは思いますが、女性は結婚したらやめてしまう、男性も数年で他の仕事に移ってしまう人が多い、というのが実情です。長く続けることができないのは給料が安いなどの問題が大きいので、そこを解決するのは簡単ではありません。しかし「職員と親がお互いの顔も知らない」という状態でよい支援ができるはずはありません。「会議ばかりでなく楽しい集まり、懇親会のようなものをもっと開いてほしい」という意見にあるように、職員と親とのつながりをもっと大事にしていくことが今求められているのではないでしょうか。

4　保護者会として
——大事にしたい人と人とのつながり

最初は利用者三〇人、職員一一人という集団で始まったいぶきですが、今は施設の数も増え、利用者だけでも一〇〇人を超すほど大きく増えました。それによって職員と親と同じように、親同士のつながりも昔に比べて希薄になってきているという話がありました。仲間も親も誰が誰だかわからない、ということもでてきているようです。

昔は月に三〜四回バザーがあり、親も参加していました。親子旅行もあり、そのときには親同士がゆっくり話せてよかったし、作業室の担当職員と親とで飲みに行ったりしたこともありました。また「父親の会」もあり、デイキャンプに行ったり飲み会をしたり、まつりの準備で活躍していたりもしました。今はバザーに親が参加することはほとんどなく、親同士の交流の場所があまりありません。そのため親の気持ちが一本化されていないため、施設ともすれ違いが生まれてしまうということでした。「昔はよかった」などといちがいにいうことはできませんが、少し寂しそうに話をしてくれました。

もちろん施設が大きくなったことで仲間が増え、活動の幅が拡がるなどよいこともたくさんあります。しかしどんなに大きくなろうが、いぶきは「誰のものでもなく、みんなのもの」であるという思いは変わらずに持ち続けています。施設に任せっきりになっている今の状態は、昔を知っている親たちにしてみればよい状態であるとはいえないと思います。昔を知らない、新しい利用者の親たちに、いぶきを作り上げてきた親たちと同じ気持ちをもてというのは難しいかもしれません。けれども、知っていてほしいし、伝えなければならないと思っています。

将来のことを考えると、もう一度親同士がつながりをもつべき時がきていると思います。保護者会に来る人が決まってしまっていますが、親同士も密にやっていく工夫をしていかなければならないと思います。

以前やっていた「実践報告会」は、各家庭の事情を親に向けて発信することが問題となって廃止になりましたが、子どもが変わった、という話が聞けると、「いぶきに入ってよかった」、「うちの子も」、と思えるよい会でした。学校でしゃべらなかった子が話すようになった、いぶきに入ってできなかったことを乗り越えた、そんなよそのお子さんの変化がうれしい、という思いが親をつなげると思います。

その他にも「運動会は?」「飲み会は?」といろいろな意見が挙げられました。職員は日々のことに追われて、見失いがちです。親の話が聞ける職員でなければいけないし、保護者として言える、言い続けられる保護者会であってほしいと思いました。

5　障害者自立支援法について

障害者自立支援法の問題についてはやはりいくつか上げられました。今までの話のなかでも出てきましたが、就労支援重視で重度の障害者は置き去りになってしまうのではないだろうか、また、職員が辞めていってしまうこと、働きたくてもやめざるをえない職員がいることが話されました。入所施設で暮らす人も大変で、なんでもかんでもすべてお金になってしまったという話もありました。

外出付き添い・受診付き添い・郵便物の管理・通帳管理・小遣い管理などといったことすべてに一回いくらとか、三〇分いくらとかお金を支払わなければならない、食費を浮かすために給食をやめてカップラーメンにしても、人件費は支払わなければならないために四〇〇円のカップラーメンになってしまった、という話がされていました。

今は特別対策で利用料の上限が低くなっていますが、この法のままでは、いつお金と生活とを天秤にかけなければならないかという不安は残ったままです。「根本的な見直しが必要だね」と意見が一致しました。

6　将来について

二〇年前は養護学校の生徒だった仲間たちも高齢化が進んでいます。もちろん親たちもそうです。将来のことについてたずねるとほとんどの人が「不安」と答えるなかで、いぶきに求められていることは何なのでしょうか。

自分たちで子どもの面倒をみることができなくなった

後、他の入所施設などではなく、やはりいぶきにお願いしたいという意見が多くありました。現在いぶきには通所の施設とケアホームがあります。しかしホームの定員はわずか一二名のため、希望するすべての人が入ることができません。また、すぐにホームに入ることを希望していない人でも、緊急時の短期入所として、また将来グループホームへ入るための練習としてショートステイを希望する声が多くありました。「あと一〇年くらいはまだ自分で子どもの面倒をみたい」「自分が元気なうちは自分で面倒をみたい」という意見もありましたが、日中活動の場だけではなく、生活のすべてをみるという役割が今後求められています。

何軒かが同じ敷地内にあるようなケアホームで、ショートステイもできて、というものを整備してもらえるように、県へ保護者会として要望を出しているそうです。またホームについての話も膨らみました。「やはり、歩いていけるくらいのところにお店があって、バスが通っていて町にもいけるような便利なところがいい」「利用料も含めて、年金内に収めるようにしないと」「新築を建ててローンを家賃で払っていけばなんとかなる?」「土地代がいるから保護者会で宝くじを買うか」などなど。

これから障害者福祉の将来にはさまざまな困難が待ち受けています。施設と親とがもう一度しっかりと協力し合い、その困難に立ち向かっていくことが必要になってきていることを確認した座談会でした。

【インタビュー】

仲間も職員も輝いている――いぶきのサポーターから

飯島健二（まとめ）

いぶきの作業所作り運動が始まって二〇年、法人化されてから一〇年以上たちました。この二〇年のいぶきの活動に多くの方の支援をいただいてきました。

この項ではいぶきで働く職員が、これまでいぶきの活動を支援していただいた方にそれぞれの立場からお話を伺いました。

1　音楽療法でともに楽しみ、成長する

●音楽療法士　藤沢英子さん

音楽療法とは目的をもった音楽の利用法の一部であり、相手のなんらかの向上や改善といった目的をもって音楽の力を活用するものです。いぶきでも各施設でそれぞれの目的をもって取り組んでいます。

■職員が乗り気になった音楽療法

私は一二年くらい前に岐阜県にできた音楽療法研究所に

通いながら、音楽療法や福祉の勉強を始めていました。その少し後にいぶきの立ち上げから関わっていた義理の父から話を聞いて、いぶきで音楽療法が役に立つのではないかと考え話をすると、当時のいぶきの職員がとても乗り気になってくれ、いぶきと関わるようになりました。それが一九九八年一〇月です。

障害のある人とはそれまではほとんど関わりがありませんでしたが、小学校のときに学校に複式学級があり、よくそのクラスに遊びに行っていました。そこで障害ということをあまり意識せずに過ごせたため、大人になっても偏見などはもっていませんでした。また、いぶきの仲間のことは父から話を聞いたので、最初から関わりやすかったと思います。

■毎日ほんの少しでも成長している

じつはいぶきでの音楽療法は三年間のブランクがありました。三年たって再び来てみると仲間の成長をすごく感じることができました。それぞれの人がすごく成長していると感じました。

月に二回でも同じペースで会っていると成長はわかりにくいですが、三年ぶりに見ると大きく成長を感じることができました。一日一日はほんの少しでも確実に成長しているのだと感じました。

中根さんは音楽や音の出るものが好きですが、音楽療法を始めたころはラジカセに執着していてそこから離れずいすには座れませんでした。しかし今ではいすに座り参加をしています。それだけでもすごい成長です。

飯田さんは自分から太鼓をたたきに来ることなんて以前では考えられなかったことでしたが、今ではそれができるようになりました。

小林さんは自分の気に入った音の出る楽器を持って、自分の世界に入っていましたが、周りにも気持ちを向けることができるようになり、真ん中に出てきて、太鼓をたたいたり、中根さんから楽器を受け取ったりなどの人との関わりができるようになりました。もちろんそれはいぶきでの音楽療法だけでなく、日常の生活でも人との関わりを大切にしていたからだと思います。

■仲間の意思を大切にしている職員

いぶきの職員からは学ぶことがたくさんありました。いぶきの職員は仲間の意思を大切にしていると思います。

障害があって、うまく言葉にできない、伝わりにくいということがあっても一人の人間として「こうしたい」という気持ちがあるのを大切にしているのを感じます。職員の思いを押し付けるのではなく、仲間の気持ちを大切にして関わっている、仲間の意思を聞いている印象があります。

新しい歌や楽器を取り入れるとき、仲間が対応できるか心配していましたが、職員が新しいことを受け入れやすい人から取り組みに誘っていたので、周りの仲間もそれを見て何をするのかわかり、安心して参加できたのだと思います。仲間をよく見ていて、そういうことが自然にできる職員がすごいと思います。

■仲間と同じ目線でいる職員たち

いぶきは、職員が仲間と同じ目線で音楽療法に参加していて、それが一番大切なことで大事なことだと思います。

職員が参加するときは上からの目線になってしまうことが多いのですが、いぶきではいっしょに楽しむ雰囲気を出しています。だから仲間が職員を見ていて、「こうすればいいんだ」「がんばらなくてもいいんだ」といった音楽療法での過ごし方を感じているように思います。それが一〇年やってみて感じていることです。

また、職員がすごく待つことです。強制するのではなく仲間の気持ちにそって待っていることを大切にしていることはすごく大きいことだと思います。太鼓をたたいている仲間を職員が見ていて、心から仲間の気持ちを代弁して言葉が出ていることがすごくいい、職員だからではなく同じ参加者として感想を言ってくれます。

いぶきでは音楽療法について、必ず職員と話をできる時間を作ってもらっています。そうすることで自分のしたいことを伝えられるし、仲間の日常の様子を教えてもらうことで普段の仲間をイメージすることができます。

そういったことが次のステップへいくうえで大切なことです。「音楽療法をして、さようなら」では、私も職員もお互いに何がしたかったのかわからないで終わってしまいます。しかし、話をすることでわかりにくいことでも思いを共有していくことができるので、このまま続けていってほしいと思います。

また音楽療法で変化があったことをその時間だけのものにしてしまうのではなく、普段の生活のなかで生かしてほしいと思います。音楽療法がうまくなってほしいのではなく、音楽療法を通じて、仕事のなかでうまく人と関われたり、自分の仕事をしっかりできたりしてほしいと思っています。コミュニケーションをとり、バランスの悪いところを補うことができたりと普段の生活のなかに生かせる音楽療法になることを願っています。

＊　＊　＊

〈インタビュアーより〉虫賀裕太（いぶき勤務）

私はいぶきに勤務して三年目です。二〇〇七年度から第二作業室で働くことになり、音楽療法に参加することになりました。そこで、私が働く前から取り組まれていた音楽療法が、どのようにして始まったものなのか、興味をもち、お話を伺いました。

私が音楽療法に関わらせてもらってから、まだ一年しか経っていませんが、仕事が中心のいぶきの活動のなかで、音楽療法を行なうことは大きな意味のあることだと思います。

仲間も毎回楽しみにしていて、音楽療法のある日は朝から、「藤沢先生来た？」と何回も聞いており、待ちきれない様子です。ただ、楽しみにしているのではなく、仕事中や昼休みではなかなか人と関われない人も音楽療法でペアを組んでダンスを踊るときに、自分から好きな人を誘っていくなど、ふだん見られない仲間の姿を見ることができ、私たち職員も仲間の新たな姿を発見することも多くあります。

今回藤沢先生のお話のなかで、ふだんの生活に生かせる音楽療法を目指していると話していましたが、音楽療法で見つけた仲間の姿を、どのように日常のなかに生かしていけるのかは、私たち職員の仕事になります。

いぶきとの深い関わりのなかで、つねに仲間の視点に立ち、その時々にあわせた取り組みを提供していただける姿勢に学び、私たちも支援を行なっていきたいと思いました。

（取材協力・**勝田真理子**）

2　生徒の成長を実感できるいぶき

●関特別支援学校　長谷川智重子先生

■大きな心で受け止めてくれるいぶき

いぶきのイメージは大きな心で受け止めてくれる、懐が深いということです。今、第二いぶきに通っている亀井さんは高校二年で第二いぶきに実習に行きました。そのときの表情がきらきらしていたので、本人もお母さんもいぶきが気に入り、「絶対いぶきに行く」と考えていました。でも高校三年になったとき、第二いぶきに通うには送迎や通所時間など困難な点が出てきたため、第二いぶきに行くか他の施設に行くか迷っていることを伝えました。

しかし、他の施設に見学に行き、亀井さんには合わないのではないかと思い、もう一度、第二いぶきに電話をしたところ、施設長の北川さんから「気にしなくてもいいよ」といわれ、お母さんは大感激をして第二いぶきに行くことを決めました。

また、第二いぶきにきて三年目になる吉村さんは、やさしい気持ちをもっていて、相手の思いも感じ取れる人ですが、場面の切り替えや新しいことが苦手でとても支援の必要な人でした。学校では一対一で対応することが多く、施設ではそこまで手厚い支援ができないだろうと考えていました。だからどこの施設にも受け入れてもらえないと思っていましたが、いぶきから「吉村さん、いぶきにどうですか？」と声をかけてもらい、教員は感激しました。

そのほかには子どもが主人公という思いを感じます。学校の保護者にとっては、成人施設というのは敷居が高く、小・中学部の保護者は施設で祭りなどがあってもなかなか行っていません。しかし、いぶきまつりには行きやすいようで小・中学部の保護者がたくさん行っています。

職員の印象としては若さを感じます。職員パワーを感じます。職員の入れ替わりが少なく、ここで働きたいと思い、やる気をもってがんばっている、志をもった人が集まった職員集団だと感じます。

施設としてはゆったりするデイサービスと仕事をバリバリする授産施設の中間の施設です。いぶきは保護者が子どもに必要と思う二つのことを兼ね備えているのではないかと思います。

■生徒を送り出す立場として

進路指導では、卒業後二、三年後のことでなく、二〇年三〇年後を考えて施設を選ぶようにしています。また、身体障害者療護施設と知的障害者施設を両方見学に行ってもらうようにしていて、四、五施設を紹介するようにしています。

教員からどこかの施設を勧めることはなく、見学したうえで、保護者・本人に決めてもらっています。そのなかで迷いながらも最終的にいぶきを選んでいる人が多くいます。二〇〇六年は、四人が四人そろっていぶきを選びました。まわりの施設を見てまわってから選ばれています。

障害者自立支援法にかわり、重度の障害者は支援費の単価が高くなったため、今ではどこからも声がかかり、入所を誘われるようになりました。

しかし、それ以前は介助が必要なため、断られてきました。そんななかでも受け入れてくれたいぶきは保護者にとって価値が高いのだと思います。

菊池さんの場合は、学校よりも遠くにある第二いぶきに通所することを決めたときに、本当にいいのかを何度もたずねました。

距離が遠くなるために、本人の体調を考えると負担が大きいのではないか。今まで土日にショートステイで利用していた施設のほうが安心ではないか。今は頑張れるかもしれないが、二〇年三〇年後も続けられるのか。通所のいぶきで大丈夫か。という心配がありましたが、最終的に第二いぶきへ通うことを決めました。「行ってよかった」というメールがお母さんからきています。

■生徒の成長を見て

吉村さんは高校を卒業したら、そのままでいるだろうというイメージをもっていました。しかし、いぶきに行った吉村さんの姿を見て、また彼が一歩上の段階に上がれたのだととても嬉しく思いました。

学校時代は嫌なことがあると怒って、ジーンズを破ってしまい、取り組みに参加できなかったり、好きな人に、つ

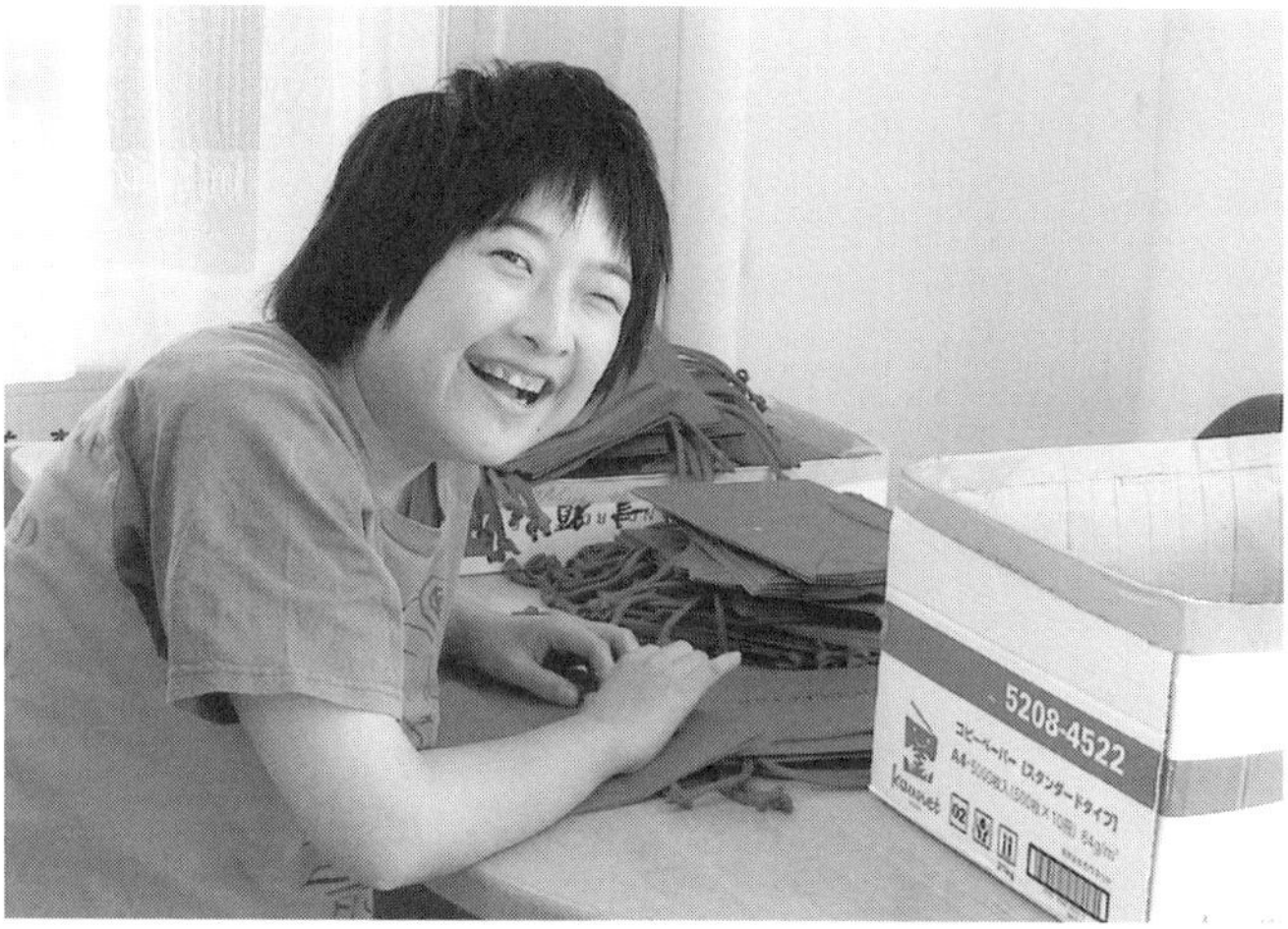

自分のペースでやる仕事はやっぱり楽しいな！

いていってしまい、じっとしていられませんでした。しかしその反面、優しい心や笑顔をもっている人です。表面上の問題に気をとられ、彼のやさしさに気がついてもらえるか心配をしていました。そのため、第二いぶきが受け入れを決めてくれたとき、「何かあったらすぐ連絡をください」と話してありました。

しかし一度も電話はなく、夏休みに第二いぶきに会いに行ったときに、周りの人を意識して、取り組みに参加している吉村さんの姿を見て、びっくりしました。たった四か月のあいだに何があったのだろうと思いました。

学校では制限をする場面が多く、時間きっちりやってもらおうと、もっともっと求めていて、吉村さんはよく怒っていました。

しかし、「笑」（第二いぶきの作業室）では、一つの仕事ができるたびに「できたね」「上手だね」と本人を認め、ほめていました。また、本人が手を止めたときも「よく頑張ったね」と本人のできる範囲で止めて、できたことをほめていました。彼は手が器用で、人の気持ちもわかる人です。人の顔色もわかる能力をもっているので、もっと上をと望んでしまっていましたが、彼がそれを感じ怒っていたのだと思います。

枠にはめないいぶきの支援は成功だったと思います。学校時代の葛藤が生きて、いぶきでの成長ができたのではないでしょうか。

夏休みに会ったとき、成人式でスーツを着て座っていられる彼を見たとき、成長を感じ、一歩上に上がれた、と感動をしました。

■情報共有をして、生徒一人一人を見つめられる制度に

今、中学部の生徒や高等部の生徒からもいぶきに行きたいという声があります。今後もみんなから期待される施設であってほしいと思います。

学校だから施設だからではなく、みんなでやっていくための情報共有ができるとよいと思います。

障害者自立支援法で障害程度区分の高い人ほど単価が高くなりました。学校には「区分6の人、うちへ来てもらえませんか」という話もきます。今までは重度の人は介助が必要で、人件費が出せないから受け入れられないとどこも受け入れてもらえなかった状況がころっと変わりました。しかし、ある程度の人数の重度の人が入れば、それ以上は受け入れてもらえなくなるのは目に見えており、この状況は数年続きます。区分がいくつであるとかそういった見方ではなく、生徒一人一人を見て決められる制度になってほしいと思います。

＊　＊　＊

〈インタビュアーより〉小川康子（第二いぶき勤務）

私はいぶきに就職して一年目です。私が担当している「笑」の部屋に、多くの仲間を送り出していただいた長谷川先生の話を伺って、第一にいぶきに就職してよかった、いぶきの職員の一人として、働けることを嬉しく思いました。私がいぶきで働くようになってから、いぶきは仲間と職員、保護者と職員、職員同士など人と人との距離が近く、職員一人一人が目標をもって頑張って仕事をしており、とても働きやすい職場だと感じてきましたが、それがいぶきのなかで働いているから感じることではなく、外部の人から見ても同じように感じてもらえることがわかり嬉しく思いました。

また、特別支援学校がいぶきを信頼し、大切な生徒を送り出していただいていることがよくわかりました。長谷川先生のようにいぶきの実践を理解していただき、信頼していただける方がいるから今のいぶきがあるのだと感じました。今ある仲間の姿は、今、関わりをもっている自分たちだけでなく、これまで接してきたすべての人たちとのあいだで育まれ、本人が身につけた姿であることを強く感じました。

学校時代に先生と一対一の関係のなかで育んできた力を、施設のなかで、職員との関わりや仲間同士の関係のなかでいかに伸ばしていけるのか、本人の生きる力にしていけるのか、今までの関わり、先生方の思いを引き継いでいくことの大切さを感じ、自分の仕事の責任の重さを改めて実感できる良い機会になりました。

本人、家族そして先生に選ばれたいぶきの職員として、その信頼を裏切らないよう、毎日仲間が笑顔で通って来られる施設であり続けるために自分自身も頑張っていかなければならないと感じました。

3　自分自身が楽しめるボランティア

●ボランティア・学生アルバイト　野崎　悟さん

■自分自身が楽しめるいぶきでのボランティア

いぶきと関わることになったきっかけは、いぶきの職員になっていた大学の先輩からいぶきまつりのボランティアに誘われたことです。そこで利用者の方といっしょに仲間の店でケーキの販売をしました。今まで参加したボランティアでは利用者とのふれあいがあまりできませんでしたが、いぶきではケーキの販売をするなかで、利用者の方から教えてもらうこともあり、とても内容が濃いボランティアができたと思います。そして自分自身が楽しめたことで、いぶきでのボランティアに魅力を感じました。

一番印象深いことは初めて参加した「いぶきふれあいまつり」のボランティアと「第二四回きょうされん全国大in岐阜」のボランティアです。きょうされん全国大会では全国の仲間とふれあえたり、イベントを通して仲間の笑顔が見えたことが印象に残っています。

■自分たちで計画したデイキャンプ

コラボいぶきでのボランティアでは私が在籍していたボランティアサークル「ＭＥＧＵＲＩ」に行事の企画・運営を任せてもらい、デイキャンプを実施しました。自分たちで企画したデイキャンプで仲間たちに喜んでもらえるのか、という心配がありましたが、キャンプ当日、たくさんの笑顔を目にして、とても嬉しく思いました。大学を卒業してからも後援会通信『夢よもっとひろがれ』で、デイキャンプの記事を目にして、自分たちが企画したものが毎年行なわれているのを知ってさらに嬉しくなりました。

内容はバーベキューをし、空いた時間を仲間たちが自由に過ごします。仲間たちがボール遊びをするときにはボランティアさんといっしょに楽しんだり、水遊びをいっしょに楽しんだりしながら過ごし、仲間たちの素敵な笑顔がよく見られます。

〈註〉野崎さんを中心に立ち上げたサークル「ＭＥＧＵＲＩ」は中部学院大学のボランティアサークルで、主な活動は福祉施設や保育園、幼稚園などのボランティアです。コラボいぶきデイサービスセンター一年目に、みんなでバーベキューに出かけたいと思って、野崎さんたち「ＭＥＧＵＲＩ」が自分たちでキャンプ場を調べて企画したのが始まりです。

■仲間の笑顔が素敵

いぶきのよいところは、仲間一人ひとりを成人した人と認めて関わっていること。また、仲間のことを思って職員が働きかけを行なっているところだと思います。

職員はみなさん、エネルギッシュで、仕事の場面、余暇の場面、どの場面においても、仲間と真正面から向き合っている印象があります。

仲間は、みんな笑顔で挨拶をしてくれました。場面はいろいろありますが「明るく、元気、笑顔が素敵」という印象があります。

■福祉の仕事に就きたい

ボランティアとして、またアルバイトとして、関わっていくあいだには、どうしてよいのかわからなくなり、動けなくなってしまうことや仲間との関わり方がわからず、戸惑うことが数多くありました。それでもボランティアを通して人と関わることの楽しさを知り、福祉の仕事に就きたいと思えるようになりました。そして何があっても、まず、正面から受け止めてみようと思えるようになりました。

これからのいぶきも、仲間と正面から向き合う姿勢、そして、笑顔の多い生活の場であることを大切にしてほしいと思います。

■社会人になり思うこと

コラボいぶき開所一年目（二〇〇三年）に働かせていただけたことはとてもいい経験となりました。そして、社会に出る意味を教えてくれました。当時は学生であった私でしたが、少なからず責任感というものも持ち一人のスタッフとして仲間たちと向き合う時間を過ごさせていただけたことが、今の私にとって振り返るべき原点になっています。

日課や体制を一から考えなければならない手探り段階であった四月、職員さんに無理を言って学生アルバイトながら職員会に眠い目を擦って参加していたのを今でも覚えています。「少しでも役に立ちたい」「いっしょに作り上げたい」そんな思いが私を動かしていたように思えます（何も言えずただ会議中座っていただけかもしれませんが……）。

そして何より、コラボいぶきでの勤務中に仲間の対応に困ってしまい、だらしがない私に対して喝を入れてくれたことが、今の私が生活や仕事につまずいてしまったときに背中を押してくれています。

＊　＊　＊

〈インタビュアーより〉山本昇平（第二いぶき勤務）

私はいぶきで働いて六年目になります。野崎さんとは大学時代の先輩後輩の付き合いです。私がいぶきに勤め始めてからもボランティアや学生アルバイトに来てくれるという関係だけではなく、プライベートでも付き合いがあります。そんな野崎さんは現在静岡市にある障害者の入所施設で生活支援員として勤務されており、毎日利用者の方と向き合い、頭を悩ませ日々取り組んでいるようです。堂々と自分の思いを熱く語ってくれる姿があり、コラボいぶきでいっしょに働いていたときよりも社会人としてのたくましさが感じられ嬉しく思いました。それと同時に、いぶきでの時間が野崎さんにとって大切な時間であったということがひしひしと伝わってきました。

いぶきにとってボランティアというのは施設の活動を円滑に進めていくための『手伝ってくれる人』ではなく、仲間たちが歩む道筋のなか、いっしょになって生活を豊かにしていく『ともに歩む人』だと考えています。

ボランティアの皆さんがいてくれてこそ引き出される仲間たちの笑顔は多くあると私は実感しています。いぶきふれあいまつりなどの施設行事では、運営をしていくスタッフの一員として地域の皆さんや近隣の学校の学生が支えてくれることや、大学や地域のサークル活動で企画してくれるイベント（デイキャンプなど）や活動（クッキングなど）でいっしょに活動することを通して、仲間たちのそれぞれの時間を充実させてくれてこそ遭遇できる場面なのです。

いぶきの捉え方は人それぞれですが、野崎さんのように遠く離れた県外にもいぶきを支えてくれる人がいる、それはいぶきに惹きつける魅力があるからだと素直に思っています。いぶきには年間多くのボランティアさんがいらしてくれています。もちろん学生アルバイトもいます。いぶきと関わった人たちが一つでも感じ取るものが増え、明日の社会に向かっていくことができるのであれば何よりです。

（取材協力・八巻克也）

【いぶき福祉会後援会】

後援会会員はかけがえのない財産

森山寿

1　後援会の設立

社会福祉法人いぶきは一九九四年七月に設立されました。法人設立にあたり、新しい理事会と職員集団が形成され、これらの人々の手で、社会福祉法人の活動がスタートしました。

私がいぶきと出会ったのは、法人が設立される前年の七月頃のことでした。当時募金運動がなかなか進まず、法人設立に赤信号が灯っていました。そんななかで、募金集めの助っ人の一人としていぶきに呼ばれました。募金集めにおける私の役割がどの程度であったかはともかくとして、半年ほどの活動参加のなかで無事に募金集めを終了して、助っ人としての役割は終了しました。

私は、長年にわたってあるボランティア活動に参加していたため、募金集めについては、それなりの蘊蓄《うんちく》はありましたが、福祉についてはまったくの素人で、私がいぶきに残る必要もいぶきでの役割もまったくありませんでした。

そんな私が、いまだにいぶきとの関係を絶てないのは、次のようなことからです。

その一つは、せっかく法人を設立して新しい施設をつくったものの、新しい施設は完成とともに定員を満たさなければならず、法人設立のためにともに汗を流した親御さんたちの子どもたちでも、入所年齢に達していなければいぶきに入所できませんでした。そうした人たちが何人もいて、もう一つぐらい施設をつくらなければならない状況にありました。また、新たな施設をつくったとしても、親が病気になったときや、年老いたとき、障害者が親元を離れて安心して生活できる施設をつくらなければ、この運動は終わらないように素人の私には思われました。知らなければよかったのですが、法人設立は終わりの始まりでした。

二つ目は、私たちが募金運動で掲げたさまざまな「公約」(どんなに重度の障害者も受け入れる施設を作りますなど)を実現するための責任が私たちにはありました。実際にこれらの公約を実現するのは理事会であり、職員集団ですが、運動に参加した者として、せめて、新しい職員集団が自立して「公約」実現のために動き出すまでフォローする必要はあるように思われました。

三つ目は、社会福祉法人設立のために尽力された人々が、法人設立という一つの目標達成によりいぶきから離れるのは、いぶきにとって大きな損失だと考えたことです。いぶきにはやらなければならない課題がまだまだたくさんあり、それらの実現のためには募金運動に協力して頂いた人々の力がどうしても必要でした。そして、これらの人々は、いぶきにとってかけがえのない財産でもありました。

以上のことから、理事会や、職員集団とは別に、いぶき福祉会を支え、いぶきの将来設計を実現させるための新しい組織を立ち上げる必要がありました。

そこで、全国のいろいろな社会福祉法人の実態を調査したところ、福祉会をサポートする組織として後援会の存在がありました。そして、後援会活動が活発な福祉会ほど、しっかりとした将来設計をもち、福祉会全体の活動が活発に行なわれていました。そうしたことから、いぶきでも福祉会を後援する組織をつくることとなり、後援会活動について、勉強会をもったり、後援会のある福祉会を訪問して話を聞いたりして、いぶきの状況にあった後援会を設立することになりました。

そして、一九九五年七月にいぶき福祉会後援会の設立総会を岐阜市の北部コミュニティセンターで開催して、後援会活動がスタートしました。

後援会活動は、設立当初は実力もないのに、あれもこれもと手を出して大変でしたが、そうしたなかで、基本的に守ってきた活動は、会員を増やすこと、機関誌を定期的に発行すること、年に二回の物資販売、毎年四月のいぶきまつりの開催、学習会の開催（これはときどき中断しました）などでした。これらの活動のなかでとくに重要な活動は会員の拡大と機関誌の定期発行です。

2　会員に依拠した活動

どのような後援会活動をするのか検討した結果、会員に依拠した活動をすることとなりました。これはK福祉会の後援会活動に学んだことでした。K福祉会後援会は当初物資販売に力点を置き、年間数千万円の売上げをあげていたとのことでしたが、その管理に追われ、日常業務や会運営に支障をきたしたため、物資販売を縮小して、会員に依拠した活動に切り替え、数千人を要する後援会をつくり、福祉会のさまざまな活動を支えてもらうとともに、年間数千万円の資金集めも行なっていました。

そこで、いぶき後援会もこれに習い、会員に依拠した組織作りをめざし、当初の目標として一〇〇〇名の会員達成を目標としましたが、募金運動の熱気もあり、なんとか目標の会員を集めることはできました。ところが、その後、会員拡大の取り組みが弱まったこともあり、会員の拡大は進まず、毎年会員の減少が続きました。

いぶき後援会の活動に共感して、会員となられた方々が会を辞めてゆかれるのは、私たちの活動に問題があるのだと思います。一人ひとりの会員の方々のいぶきに対する思いを大切にする活動ができていなかったのであり、業務の多忙を言い訳にして、会員の減少に歯止めが掛けられなかったことは、私たちの運動の重大な弱点でした。

幸いなことにここ二年ほど、会員拡大を活動の柱の一つとする取り組みが進み、事務局を中心に拡大月間をもうけるなどして毎年一〇〇名近くの後援会員が増えています。会員拡大は、なかなかしんどい活動ですが、組織の発展にとっては欠かせないことであり、皆でさらに知恵を出し合って取り組む必要があります。

3　機関誌の発行

会員と後援会を結ぶパイプとして機関誌『夢よもっとひろがれ』を月一回発行しています。後援会設立当初、機関誌の発行は「季刊誌」として年間四回ほどの発行でしたが、毎月一回、定期に発行して第三種郵便物の認可を受けると、福祉関係の団体の場合一通あたりの郵便料金が一五円になるとのことでしたので、月一回の発行に切り換えました。

機関誌の発行には、編集会議、原稿依頼、原稿の回収、割付け作業、印刷、発送と業務が続くため、月一回発行するために、担当者は連日機関誌作りに追われることとなり、その負担は相当に大きいと思われます。

にもかかわらず、季刊誌から月一回の定期発行に切り替えたのは、後援会の会員の方々にとって、障害者福祉の問題は、日常生活のなかで、ある意味において一番最後に考える事柄なのかもしれないと考えたからです。そうした人々に月一回、自分はいぶきの後援会の会員であることを思い出してもらい、いぶきの活動を知ってもらうことが、会員の定着と、いぶきへの支援につながると確信したからです。

そうして始まった機関誌も現在一〇九号（二〇〇八年一月時点）まで発行されました。紙面もカラー印刷され、内容も創意工夫され、発行当初と比べるとずいぶんと改良されたものとなりました。

しかし、まだまだ読む人の気持ちとなった紙面作りとしては不十分なところも見受けられます。会員の方々がどういう紙面に興味をもっているのか、福祉の状況について何を知りたいと考え、何を伝える必要があるのか、本当に読みたいと思われる紙面ができているのかといったことについて、さらに研鑽を重ね、紙面を改良してゆく必要があります。

4　後援会活動のこれからについて

現在わが国の共同作業所運動をリードしている「きょうされん」が結成されたのは一九七七年のことでした。一六か所の共同作業所が参加して結成されたとのことです。私が、日本福祉大学を卒業したのは一九七九年でした。そして、「きょうされん」の現在の理事長の西村氏が私と同じ大学を卒業したのが、その前年のことでした。彼は卒業後、縁もゆかりもない京都府亀岡市に転居して、障害者の親御さんたちと力を合わせて、かめおか共同作業所をつくりました。当時の彼の給料は平均の半分以下で遅配・欠配は当たり前、身分も不安定で、将来に何の約束も保障もありませんでした。しかし、作業所つくりに情熱を傾けていた彼は、インスタントラーメンを買いこみ作業所つくりに取り組んでいました。

機関誌『夢よもっとひろがれ』

なにが、彼をそこまで突き動かしたのでしょうか。大学で学んだこと、彼自身の性格、障害者の置かれた劣悪な状況に対する怒りなどもあったのでしょうが、施設つくりにかける親御さんたちの情熱も大きく影響したのだと思います。

現在、きょうされんに加盟する作業所は約一九〇〇か所となり、障害者のための小規模作業所は六〇〇〇か所にもなります。共同作業所つくりが始まった一九七〇年代のことを思えば隔世の感がありますが、彼らの運動がいかに正しかったかはこの数字が物語っています。あの頃からすでに三〇年の歳月が流れました。そして、障害者をめぐる状況も当時と比べれば大きく前進しています。

いぶきもまた、共同作業所つくり、法人化運動を経て今日にいたりました。そして、いぶきの運動を今日まで支え、リードしてきた親御さんたちも、ずいぶんと歳をとられました。しかし、親亡き後のことを考え、子どものためにもうひとふんばりもふたふんばりも頑張ろうという情熱は、いささかも衰えていないように思われます。

いぶきの若い職員の皆さんには、この親御さんたちの子どものためのひたむきさと熱い情熱を学んで欲しいと思います。それはいぶきの大きな財産なのですから。ただ、親は子どもを通して、いぶきや、福祉のことを考えるという視野の狭さもあることを知っておいて欲しいとは思います。

いぶき福祉会後援会は、設立から十数年がたち、やっと運動の方向性がかすかに見えてきた程度です。これからのいぶき福祉会を支え、障害者の幸福な未来を切り開くには、山のような問題があります。

いぶきの若い職員のみなさんには、既成の概念にとらわれることなく、自由で闊達な発想から後援会活動に取り組んで欲しいと思います。自分たちの目でこれからのいぶきの歩く道をしっかりと見定め、全力で突き進んでいって欲しいのです。

私たちはあなた方が大きく道を踏み外さないよう、そして、あなた方の進路を妨害しないよう、少し後ろから、ゆっくりしかし確実に前へ歩いてゆきますから。

[第6章]

いぶきのこれからを支える 4本の柱

北川雄史

楽しいはなし、もっとしようよ

1　前向きに考える――デイサービスの果たした役割

■支援費制度から障害者自立支援法へ

私たちが前著『障害者福祉がかわる　考えよう！支援費制度　＊いぶきが大切にしたいこと』を著したのは支援費制度が始まったときでした。大変なことが起ころうとしている……、そんな思いをもって書いた本でした。支援費制度を、表面的に振り返っただけでは、「なんだ、それほど大変なことは起きなかったじゃないか」と言われるかもしれません。しかし、大きな問題を露呈している障害者自立支援法（以下、「自立支援法」と略）につながっていったことを考えると、あのときに真剣に考え、私たちの立ち位置を確認したことは、その後次々と押し寄せている大きな波への対応力につながったことは間違いありません。ではいぶき福祉会では、どういう事態につながっていったか、ひとつの例をあげたいと思います。

＊　＊　＊　＊

支援費制度が始まった二〇〇三年、私たちは、岐阜市で初めての知的障害者デイサービスセンター（当時）コラボいぶきを開設しました。次々と増える利用希望者を受け入れることと、休日の余暇支援やレスパイト機能を担うためにつくったデイサービスでしたが、いぶき福祉会のその後にさまざまな大きな影響を及ぼすことになりました。最初で最大の影響は事業費でした。コラボいぶきには、計画段階の試算で年間約二〇〇〇万円が固定費として支払われるはずでした。ところが開所と同時に支援費制度が始まり、運営形態は明らかに「施設」であるにもかかわらず、デイサービス事業は突然「居宅支援」の一環に位置付けられてしまいます。支援費制度では

「施設訓練等支援費」は月単位で支給されますが、「居宅支援費」は利用の日数だけ対価が発生する事実上の完全歩合制です。それがはっきりしたのは、開所直前の年度末のこと。職員採用も事業計画もすべてできあがっていました。とまどう暇もなく走り始めたその結果、コラボいぶきは以後三年間で類計二〇〇〇万円以上の単独赤字を出すこととなってしまいました。これがその後、いぶき福祉会の法人経営において、大きな負担としてのしかかることになりました。

それでも、私たちは何とかして事業を続けてくることができました。コラボいぶきは、デイサービスであるにもかかわらず、平日の利用者の大半が重症心身障害（重心）のある方々でした。入所や病院ではなく、自宅から安心して通うことができ、看護師もいて、入浴もできる、本当にかけがえのない場所になっていました。また授産施設（当時）のいぶきなどの施設を利用している方々にとっては、週末の楽しい余暇の場所にもなり、家庭にとってのレスパイトとしても不可欠なものになっていたのでした。私たちにとってはそれだけで充分すぎる価値があるものでした。

そんな葛藤を抱えながら続けてきていたデイサービスが、今回の自立支援法の施行にあたって大きな意味をもつことになりました。それを最初に確信したのは、二〇〇三年の滋賀県において試行された「選べる福祉サービス滋賀特区」でした。これは当時の小泉総理大臣が打ち出した規制緩和策のひとつである構造改革特別区として提案されたもので、それまで月単位で支給されていた施設支援費を日単位にして、施設利用者も居宅支援を使えるようにするものでした。

この特区での試行をへて、二〇〇五年一二月に厚生労働省から出された「グランドデザイン案」には、自立支援法の諸問題の根源である応益負担と結びつけた「日割り単価」がしっかりと盛り込まれていくことになります。その流れを感じながら、私たちは「今は、制度のひずみのあおりをくっているデイサービスだけれども、これからすべての施設がこういう形になっていく。私たちは、それを先に経験しているだけ。予行演習だ。この経験はこれからくる大変な状況に向き合うにあたって、とても大きな力になるにちがいない」。そんなことをみんなで話した覚えがあります。実際にその後、自立支援法が徐々に姿を現してくるなか、頭のなかでは、コラボいぶきでのこれまでの経験をつねに振り返り、最大限活かしながら行動することができました。

そうはいうものの、自立支援法そのものはデイサービス事業にとどめを刺すかのような大波であることは間違いありませんでした。ただでさえ経営に苦しんでいたコラボいぶきにとってはなおさらでした。それでもそこから私たちは徹底的に前向きに対峙していくことで、その後の展開に活路を開いていくことができたのではないかと思っています。

■生活介護事業の選択

自立支援法においてデイサービスセンター事業は、本格施行の半年前に他の「施設」に先立って廃止され、市町村事業への移行（地域活動支援センター）、もしくは新体系事業への移行という選択を迫られました。多くの事業所がいずれにしても厳しい選択を余儀なくされるなかで、コラボいぶきは迷うことなく生活介護事業を選択しました。それは、これまでとまったく同じ事業を展開しながらも、倍以上の収入が見込まれたからでした。その根拠となったのは、すでにコラボいぶきを利用されていた方々の障害程度区分でした。

コラボいぶきでは、他に行くところがなかったり、体調次第で毎日の利用が安定して見込めないかもしれない重度の方々を、他の授産施設や更生施設よりもかなり低いデイサービスの単価で、本人のことを最優先にできる限り受け入れてきました。それが、今度は障害程度区分の重い方々の単価が高くなったことにより、コラボいぶきは当然のように収入が増えます。しかもそれまでの自己努力での職員加配で、充分に生活介護の区分最上位の配置基準を満たしていたため、職員を加配する必要もなく、劇的な収益改善につながりました。

効果は目先のことだけではありませんでした。利用される方々の余暇支援にと週末の開所を続けてきましたが、いぶき福祉会の各施設の利用者の大半が週末利用を希望していたことで、前年度のうちに障害程度区分認定を受けることができました。しかも、コラボいぶきが生活介護事業への移行を選択したことで、介護給付の認定になるため、就労系への移行であればコンピュータ審査だけで認定されてしまうところを、審査会を経由するより丁寧な認定を受けることができました。多くの施設が、利用者の障害程度区分認定をしっかり把握することができないがために、事業移行への対応に苦慮した側面がありました。コラボいぶきが、早い段階で経営判断をし、移行したことにより、のちの法人各施設の移行シミュレーションが非常にスムーズになりました。とくに第二いぶきでは、すでにほぼ全員が確定している障害程度区分認定を元に、早い段階から精度の高い事業移行シミュレーションをし、移行時期を大幅に繰り上げることができました。これは法人の経営に絶大な効果がありました。

■福祉の情勢を見定めて

おそらく、今この時点でも事業移行に頭を悩ませている法人事業所がまだ多くあることと思います。戦略上移行を引き延ばしている事業所もありますが、いぶき福祉会では、事業移行という課題はすでに法人の課題としては対応が終了しています。デイサービスで起こった事態をプラスの要素に置き換えて、次のステップに向け早いスタートを切ることができたのはとても幸運なことでした。

福祉の情勢を見定めていくとき、中身はもとより、物事が進んでいくペースが格段に上がっているということに、留意しておかなければいけないと思っています。ペースに対応できないと、肝心の中身の吟味がすべて手遅れ、「それはすんだこと、何を今さら」ということになってしまいかねません。そのためには、早いスタートが不可欠であると同時に、それによって受け身にならないようにすることも大切です。コラボいぶきを通して情勢と向き合うなかで私たちが学んだ術のひとつです。

2　情勢と向き合うゆるがない視点とスキル

■よいものはよい、悪いものは悪い

改めて、いぶき福祉会としてこれから自立支援法に対してどういう舵取りをしていこうかと考えていくことになります。今私たちに必要なことは、私たちがどういうビジョンで何をしていくのかという具体的な自己課題を設定していくことです。その前提として、大切にしていかなければいけないことがふたつあります。

ひとつは、ゆるがない「視点」をもつことです。時代がどのように変わろうと、よいものはよい、悪いものは悪い、あるべき姿、めざすべき方向はこうだというはっきりした指針をもつことです。そしてその判断基準は障害のある利用者一人ひとりの幸せであることはいうまでもありません。自立支援法の最大の問題は、障害のある人の生きている質がないがしろにされようとしていることです。これからの未来を作り上げていくには、受け身的になるとどうしても苦しまぎれの判断をすることになってしまいます。また、場当たり的な判断は後から取り返しがつかなくなります。今、私たちが置かれている状況を、私たちはどのようにしていきたいのか、対処療法的に考えるのではなく、主体的な判断をしていくためには、ぶれない視点をつねにもつことが大切だと思っています。

■誠実に行使するスキル

もうひとつは、現実に対して柔軟に対応する「スキル」をもつということです。ときにそれは経営力であったり、交渉術であったり、情報力であったり、人心掌握術であったり、時と場合によって異なります。そしてそのスキルを、誠実に行使していくということだと思っています。今回でいうならば、自立支援法という制度が相手なのですから、それをいかに研究し、活用し、時に逆手にもとりながら、したたかに使いこなしていくことが必要です。

今回の自立支援法は、あきらかに大きな間違いがある制度です。そして、それがたくさんの人の命に直結していることへの認識があまりにも低いことが悲劇を起こしています。それでもこの法律は施行されています。今をのりきるスキルと未来を紡ぐ視点を、いかに意識しながら使い分けていくかがとても大切なことだと考えています。

3　どのように対応していくか——四本の柱

■鍵は法人

支援費制度が始まり、グランドデザイン案が出され、自立支援法へと流れ込むなか、いわゆる各種障害者団体は、障害のある人がどうなるのかということを中心に議論をすすめました。しかし、その一方で、各事業所がどうなるのかということは、傍においてしまった感がありました。その裏には、社会福祉法人は守られるはず……、つまり自分たち事業者の生活は大丈夫という根拠のない安心感があったと思っています。それが裏切られたとわかったのは、いざサービス報酬単価が明示されてからのことです。すでに手遅れの状態でした。

いぶき福祉会では、デイサービスでの経験もあり、それなりの備えをすすめてきていました。常勤職員の数は、もともと、重い障害のある方をたくさん受け入れていることと福祉職員の養成とを考え、国の基準の倍近くを配置していました。限られた事業費のなかで必要な支援体制を確保するために、基準の上乗せ分は非常勤職員で対応したため、その数は常勤とほぼ同じにまでなりました。結果として、第二いぶきが通所授産施設から生活介護事業（1型二〇人と4型二五人）に事業移行したときには、1型一・七対一、4型三対一という非常に厳しい職員配置基準を、新たに職員を増やすことなく、充分満たすことができました。

私たちが、現場の支援体制確保にすすめてきたことと、常勤換算という国が机上で考えた低コスト福祉の具現策とが妙に一致してしまったわけです。しかし、それは、経営努力という名のもので、最後まで福祉事業者は生かさず殺さずの状況が続いていくということでもありました。

現実には、もっとも懸念していたことが起きはじめていました。障害のある人が施設を利用できなくなったり、利用を控えたりする、いわゆる「利用抑制」です。利用抑制は、障害のある人の生活基盤を崩し、同時に、施設の経営を直撃します。施設の実践も何もかも崩壊させ、職員の雇用も守れなくなり、そのしわ寄せはすべてまた障害のある人に集中していく……。そんな負のスパイラルに陥ってしまう危険が迫ってきていました。障害のある人の生活を守っていくために、一人ひとりの権利を改めて守ることと、法人の基盤をしっかり守ること、このふたつを活動の両輪としていくことが不可欠でした。鍵は法人であり、法人の基盤は、最後の砦です。

課題を解決していくには、まず現状を俯瞰し、しっかり分析する必要があります。それなくして対策は具体的なものにはなりません。巻き込まれつつある負のスパイラルはどういう構造になっているのか、そして、それを上向きのスパイラルにしていくにはどのように考えたらいいのだろうかと吟味を重ねたのが**図1**「ネガティブ・スパイラル」と一八〇ページの**図2**「ポジティブ・スパイラル」です。この二枚を整理することで、その後のいぶき福祉会の方針が組み立てられています。

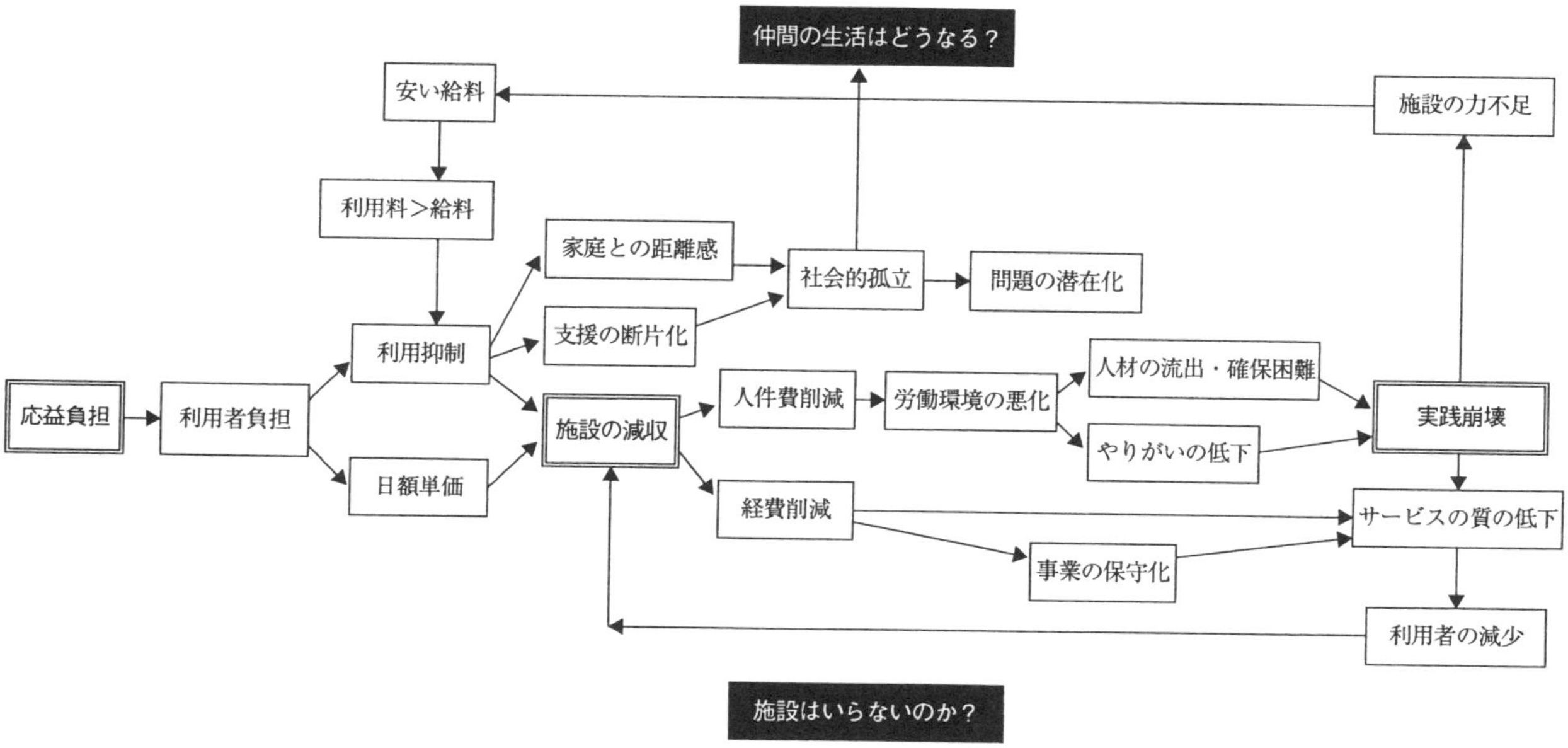

図１　経営・実践をめぐる状況分析図（Negative Spiral）

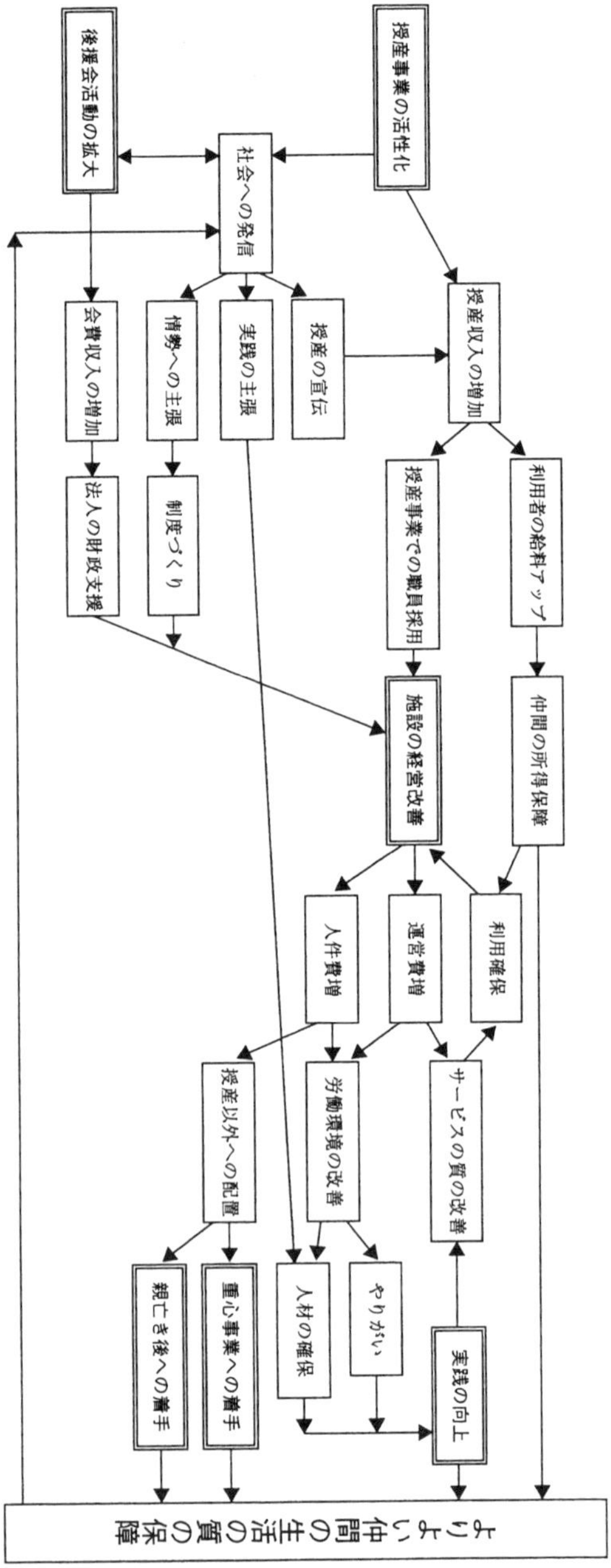

図2　経営・実践をめぐる状況分析図（Positive Spiral）

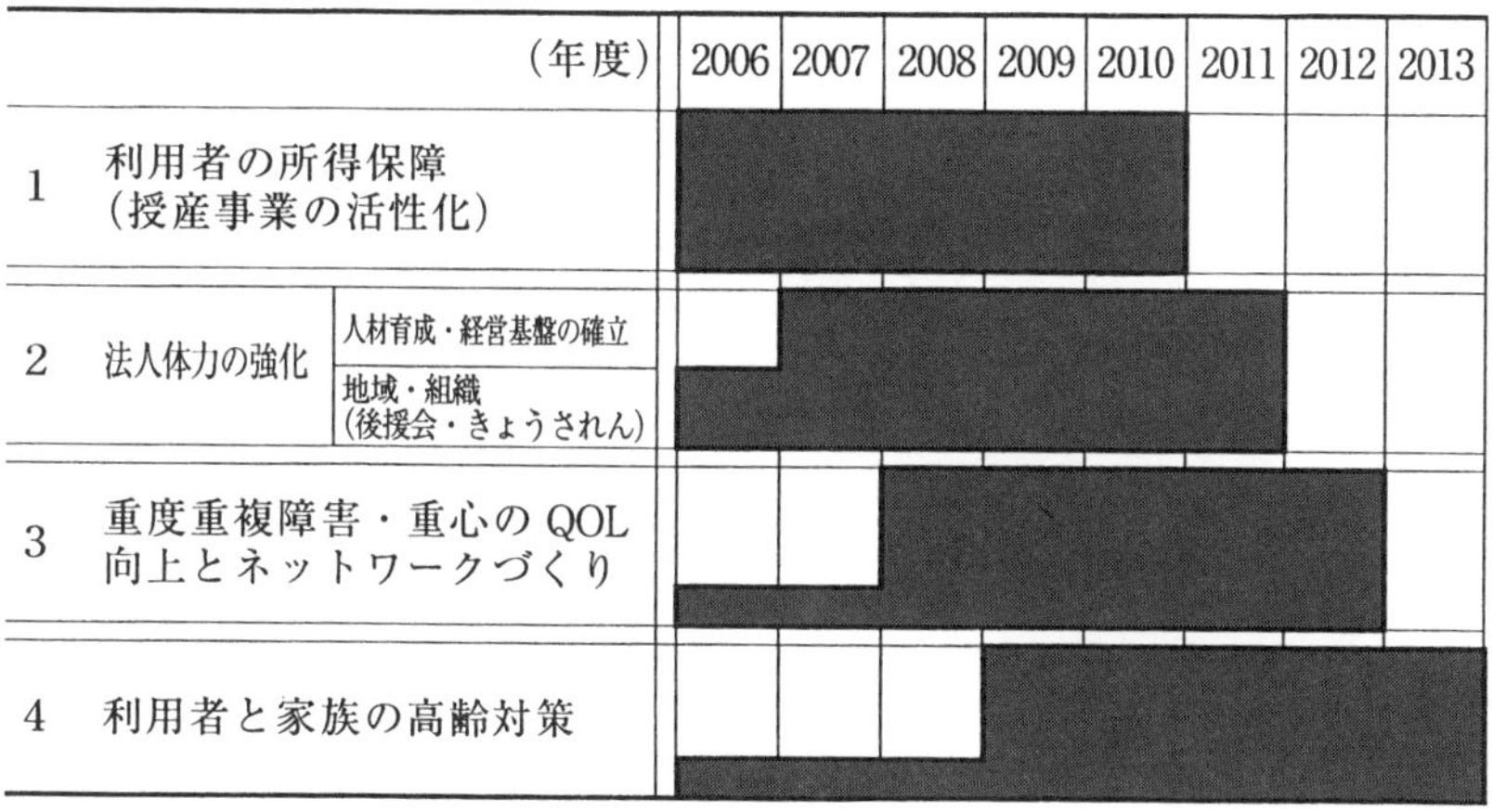

図3　今後の方針の4本の柱

■四本の柱を立てる――具体的にどうするか

ネガティブ・スパイラルとポジティブ・スパイラルを考えるなかで、四本の柱が立てられました。それは（1）授産事業の活性化、（2）法人体力の強化、（3）重度・重複障害者のQOL向上とネットワークづくり、（4）利用者と家族の高齢対策の四本です。これを二〇〇六年から一年ずつずらしてはじめていくことにしています。**図3**がそれを表したものです。二〇〇六年から二〇一三年までのマスタープランです。これらを、この順番に、このペースですすめていきたいと考えています。この順番にすすめる理由は後述します。

これまでの対策を通して、この期間のおおよその財政的な見通しができていますが、前半数年は余裕はあるものの、その先はどんどん厳しい状況になっていく可能性が高いのです。前半の間に、将来に向けての準備をどれだけしておくことができるかが課題です。

■四本の柱について

（1）授産事業の展開について——重度の方々の基盤を作る柱

いぶきはこれまで、働くことを大きな柱としてきました。しかし、それは必ずしも一般就労をすることや、ひとりで暮らしていけるぐらいの給料をもらえることがすべてではありません。それでも、もっと頑張れる人に最大限その環境を提供することができたか、あるいはみんなの給料の底上げのために充分なアクションを起こしたかというと、まだまだできていないことがたくさんありました。

授産事業の活性化から最初に手掛ける理由はたくさんあります。

一番の理由は、日常の生活から、今すぐスタートできるということでした。幸い、国の施策も福祉と就労とを対立させる誤りによるものではあれ、一般就労を増やすことと、工賃をあげる仕組みを作ることに急速にシフトしていきました。いぶき福祉会でも、ワサビの栽培・加工事業を地域の企業と協力してすすめていたところ、国の工賃倍増五カ年計画が示され、これを強力な後押しとすることができました。

また、市場原理が闊歩しているなかで、授産は唯一、市場原理と向き合う枠組みができている部門です。それを法人の事業の基幹として強く位置付けることで、法人の感覚を少しでも市場原理に対抗できるものに磨くことができます。施設の職員の社会性も大きく広がります。単純にいうと、福祉はすべて市町村や県の単位でものごとが考えられます。行政が考える授産振興の施策は、県境を超えることはありません。しかし世の中で商売をする人が、市や県のなかだけでお客さんや取引先を限定することは考えられません。福祉の枠組みで授産を考えていると同じことが起きてしまいます。授産をきっかけに社会をみることで、感覚も人のつきあいも、どんどんひろがっていく面があります。

一方、利用料よりも高い給料をもらえるようにしておくことは、セーフティーネットを築くことになります。今は利用料のさまざまな「減免制度」があったり、事業所に対する「緊急措置」が施行されています。しかし、自己負担上限額はいつ大幅に増額されるかわかりません。今のうちに準備をしておく必要があります。利用者が安心して利用できるようにしておくことは、たとえ今以上のかなりの高額利用料になったときにも、急速な施設の利用抑制が生じて法人経営が不安定になることを未然に防ぐことにもつながります。

法人については、授産の会計規模が大きくなれば、授産事業にかかわる職員は授産会計で採用することで、運営費における人件費率を抑えていくことができます。ここで「人的・財政的余裕」が生み出されることで、のちにケアホームを展開したり、重症心身障害や重度・重複障害の方々に充分な支援体制が確保できる可能性が高まっていきます。私たちの職員のなかでも、なぜ授産ばかり一生懸命やるのかという意見がでないわけではありません。しかしそれは、仕事ができる軽度の人のことだけをしているのではなく、重度の方々の基盤を作っていることでもあるのです。そして、これが四本柱の最初のステップであることの大きな理由なのです。

授産や就労の分野は、福祉のなかの他の分野に比べると、今は制度的に大きな追い風を受けています。その風に対峙していくのか、あるいは利用していくのかの違いは大きいものです。私たちはこの風を利用していきたいと考えています。仕事を中心におく利用者だけでなく、重心の方にも、法人のためにもつながっていくものとして考えていこうとしています。そのシステムを今のうちに作り上げておく必要があります。ちなみに、生活介護を利用する人のなかでも、仕事をする方がいてもよいと考えています。その方が高い給料を得ることを目指してもよいはずです。

（2）法人体力強化の柱

いずれどんどん財政的にも困難な時代がやってくる見通しであることは先述しました。ともすれば法人の存続が困難になりかねなくなることも考えられます。そのための備えがどうしても不可欠です。その備えが「法人の体力」です。

残念ながら、今のいぶき福祉会には、困難に耐えられるだけの体力は備わっていないと考えています。自立支援法が施行された今は、大変な時期とはいいながらも、さまざまな特別措置などによって、法人の根幹を揺さぶられるようなことは保留されています。だからこそ今が大切なのです。

法人の体力は、「ひと」でもあり、「カネ」でもあり、また「システム」でもあり、「信用」でもあります。これらをどう連動させていくのかは、改めてポジティブ・スパイラルをたどってみてください。肝心なことは、それらをつねに結びつけて考えていくということです。

「ひと」はさらに「人材」と「つながり」に整理できます。「人材」は、法人の各部所を担っていく人材です。全員がスーパーマンである必要はまったくありません。しかし、今の職員をベースに考えたときに、どうしても補強が必要な世代、部所がはっきりとあることも事実です。その部分を重点的に埋めていくには、思い切った人事や採用も必要になるでしょう。もちろん基本は、今いる人材にどれだけ持てる力を発揮してもらうかです。この点も考え、多くの法人が、給与カットをやむなくしている状況のなか、いぶき福祉会では逆に待遇改善もすすめました。

人材育成にあたっては、同業他法人や異業種外部法人に年単位の中長期で研修派遣をすることも決まりました。この外部異業種研修は、より広い社会感覚を身につけさせるべく、五年前から計画していながらも、人手が足りないことを理由に実行に踏み切れなかったものでした。いずれも相応の「投資」を伴いますが、その財源をうまく確保できている今がその時期だと思っています。

福祉業界全体はいま、日本中で深刻な人材不足に悩まされています。二〇〇八年度のいぶき福祉会の採用は三名にとどまりました。受験者数は七名。一昔前と比べると考えられない少なさです。一〇年前の第二いぶき開所のときには、五人を正規採用しましたが、そのさいの受験者は六五名にのぼりました。今の主任は当時採用した面々です。

介護の現場の深刻な人材不足を取り上げた衝撃的なテレビ番組がありました。深刻な状態を世に提起し、その後待遇改善の議論の契機にはなったものの、その一方で、社会全体での福祉職離れに追い打ちがかけられたような気もします。マスコミがもつ諸刃の剣の怖さを改めて感じたのですが、同時に、まだまだ私たちが、自身のおかれている現実についての甘い認識しかできていないことを突き付けられたのも事実でした。

「つながり」は、一〇〇〇人を超える会員を抱える「いぶき福祉会後援会」が、最大の財産です。後援会については別項ですでに述べられていますが、ポジティブ・スパイラルの図を見ていただいてわかるように、後援会も授産事業と並んで、すぐに具体的にとりかかりやすい活動です。後援会の求心力は、施設の実践です。利用者の方々を具体的にどう支えて未来を描いていくかということに対して、最大の力を発揮します。その実践の質を高め、伝え、共感する輪を根気強く丁寧につくり直していくことで、つながりはどんどん強くなっていきます。一七回を数えるいぶきまつりにしても、毎月二〇〇〇部を定期発行する通信『夢よもっとひろがれ』にしても、その意味を丁寧に紡ぎ直す作業がすすめられています。

「カネ」については、今のうちに、財務状況を大幅に改善し今後に耐えられるものにしていくことです。ただ、社会福祉法人は一般企業と異なり、積極的な利益追求を行なうものではありません。ひとたび財務状況が切迫すると、収入を増やすことができないため、支出を抑えざるを得なくなります。そこにネガティブ・スパイラルが生じ、事業所や法人の力がみるまに落ちていってしまいます。落ちていくスピードの速さと、そうなったときのもどかしさは、いいようがありません。基本的には、「貯蓄」することではなく、「有効投資」することだと感じています。無い袖はふれない状況にしないための活動は、ネガティブ・スパイラルからポジティブ・スパイラルへの脱却につながり、財務的な法人体力の増強に必ず連動します。

（3）重症心身障害と重度・重複障害のＱＯＬ向上とネットワークを作る柱

重症心身障害や重度・重複障害のある方々の社会資源はまだまだ不足しています。お子さんが特別支援学校に在学中の保護者の方が、第二いぶきにもたくさん見学に来られます。そして毎回、どうしたら利用できますかという質問をいただきます。お子さんの様子を聞けば聞くほど、保護者の方が第二いぶきを希望される気持ちに共感することも少なくありません。それでも、将来の受け入れについて、意に沿うような答えはなかなかできません。また、現にいぶき福祉会の事業所を利用されている方々からは、障害が重くても利用できるケアホームやレスパイトを整備してほしいという声は日に日に強くなっています。

この部分に応えていくことが、いぶき福祉会にとって必須であることは、充分理解しています。今回四つのステップに組み込んだことは、その覚悟をかためたということです。この三番目と四番目のステップを組み立てていくためには、それなりの人とお金が必要になります。だからこそ、遠回りかもしれませんが四本の柱を連動させ、授産を活性化することも、法人の体力をつけることも、それ自体が目的であると同時に、次のステップへの土台づくりとして位置付けたわけです。

その覚悟と同時に、ひとつの考え方の転換がどうしても必要だと思います。これらの必要性に応えていくには、すでに個々の法人や団体が独自に努力して積み上げていくだけでは限界にきている現状があります。まずは、今一度いぶき福祉会としてできることを整理していくと同時に、地域に必要な社会資源を、みんなで作り上げていくうえでのつなぎの機能を果たしていく意識をもっていきたいと考えています。地域に良いものができあがるのであれば、それに最大限の貢献をしていきたいと考えています。

いぶき福祉会は、使命感が強いところです。私たちがやらなければと思い、いぶきがやってくれるという評価を得ることに大きな喜びと存在価値を見出してきた一面があります。それはいぶきを作り上げ、支えていただいているたくさんの人たちの期待の裏返しでもありました。そのエネルギーを社会にもう一度フィードバックしていくことは、いぶきにもいるたくさんの重心の方々をみんなで支えてもらう一番の近道だと思っています。

（４）親と仲間の高齢対策の柱

いぶき福祉会ができてから一四年がたとうとしています。当時養護学校を卒業したばかりの利用者さんももう三〇歳を超し、保護者の方も六〇歳を超える方が多くなってきます。障害のある方の人生において、親なき後の人生を誰がどのように支えていくかということが、今も昔も最大の課題であることには変わりありません。入所型の施設に入れる見込みは限りなく薄く、また、「増やす増やす」と行政が口にするケアホームは、あくまで入所施設から「出される」人の受け皿としての位置付けが中心になっています。待っているだけで、解決することはやはりありません。

今、いぶきでは三か所のケアホームを運営し、男女あわせて一二人の利用者さんが暮らしています。これだけで終わることはやはりできません。いぶきとしての「仕上げ」に取り掛からなければいけないと思っています。授産活動や法人体力の強化の成果を結び付けていく先が、この仕上げになります。

四本目の柱として「ケアホームとレスパイトを作ろう……、もう一度考えよう」という話を持ち出したとき、本当にできるのかと半信半疑の保護者の方がたくさんおられました。

支援費制度から自立支援法になり、利用する方の家計もますます厳しくなり、施設の経営も悪化するばかり……。「もう目の前のことで精一杯で、将来なんて……。ましてウチの子みたいに手のかかる重度の子が入れるホームなんて、ますます遠ざかったよね」「我が子の大変さは私が一番よく知っている。施設も人手が足りなくて、ショートステイを申し込んでも断られるか、(動かないように)車いすに乗せられっぱなしか……。頼みの綱はいぶきだけれども、いぶきの経営が大変になったら、もう頼るところもない。私が抱えて生きていくしかない……」。

自立支援法の現実は、保護者の方々にそこまで思いつめる状況を作り出してしまいました。そんな状況でいきなり言われても、「本当に作れるの?」「安心して預けられるレスパイトも作るの?」。一度あきらめて、親として腹をくくってしまった保護者の方々が、最初からすぐ乗り気になれなくても仕方がありません。

しかし、今までそれほど多くなかったいぶき福祉会各施設の合同保護者会が定期的に開催されるようになり、毎月二〇〇〇部発行される後援会通信には、保護者会長連名でホームをたてる土地提供のお願い文が掲載されました。他施設のホームの見学学習会には予想を超える参加者があり、そのなかには、一度はホームに入れることをあきらめたと明言した方の名前もありました。そして、保護者の合同役員会に「あの人にも手伝ってほしい」「あの人が参加したいといっていた」という声がたくさん持ち寄られるなか、近々新たに「ケアホーム・レスパイトを作る会」が発足することになりそうです。

実際には、大きな挑戦になります。まず、これからのホームの利用を希望される方の支援の必要度は非常に多様になってきます。二四時間の見守りが必要であったり、移動・食事・入浴・トイレなどにおいても介助が必要であったり、共同生活をするにおいては支障となりやすい行動傾向があったり、医療的なケアが必要であったり、本当にさまざまです。こういった方々を受け入れていくためには、相当の人員配置が不可欠になってきます。それは今の事業費の基準で賄えるものでは到底ありません。法人全体の工夫と努力で確保した人や資金をつぎ込むことになります。もちろんそのために準備をすすめてきたわけですから、それでよいのです。

具体的なホームの形式は、これまでのような点在型で個別完結型のホームではなく、いくつかのホームの集合体を作るしかないと考えています。そこに支援の度合いが比較的少なくてもよい方と支援がかなり必要な方とを組み合わせていきます。それによる事業費収入と確保できる支援体制の最適値を求めていくことになります。二四時間必要なケアを提供できるように夜勤の職員を配置したり、職員をチーム化することも考えています。定員四人のホームひとつで考えるのと、たとえば定員六人のホームを全部で五つ、合計三〇人のグループホーム群でやりくりするのとでは、裁量の幅が大きく変わってきます。いわゆるスケールメリットを活かして、単体ではとても受け入れる体制をとりきれないような支援の必要度が大きい方を、なるべくたくさん受け入れていこうと考えています。

これでは、地域生活ではなくて、まるで施設ではないかという人もいることと思います。たしかにハードだけを見れば、小舎制の入所施設といわれても仕方ないかもしれません。それでも、それが気にならないような「暮らし」を作れればよいのですし、それはできます。安心して生きていく、よりどころとなる場所としてのホームと、人生をより豊かにする活動を保障するいぶきや第二いぶきなどの日中支援施設の組み合わせ、これまでの実践と事業の集大成をぜひ実現させていきたいと思っています。

4　一〇年後のいぶきを考える

■冷静に分析して、絵を描いていこう

一〇年後のことはおろか、来年のことすら見通すことはできない……、今の福祉の状況はそんな感じです。その理由は明白です。福祉があまりよくない国の施策そのものであり、制度が一年一年めまぐるしく変わる状況ではとても見通しなどもてないからです。それに対しての主張は、これからも続けていきます。そして、同時に考えておきたいことがあります。一〇年のちのことを積極的に考えながら、今の情報をもとに、長い先のことを冷静に分析して、絵を描いていくことの大切さです。もしはずれたら、また書き直せばいい。それぐらい割り切って、できないことを他人のせいにせずに具体的な計画を作ることだと思っています。

私たちが、今描いている一〇年後は、決して明るいものではありません。二〇〇七年春、第二いぶきが自立支援法の施設体系に移行したことによって、法人の経営状況は大幅に改善されました。それは、新しくできた障害程度区分によって、大幅に単価が改善されたからでした。何を変えたわけでもない、ただ単に法人の外の枠組みが変わっただけで、これだけの変化があるわけです。

さらには、第二いぶきひとつをとっても利用者像が著しく変化していくことです。重症心身障害のある方々は、医療との連携がますます必要になり、いずれいぶきの環境に限界がくる可能性があります。看護師の確保ひとつで苦労している状況で、いずれいぶきに来たくても来れない場所になっていくことを懸念しています。その一方で、今の施策の追い風を使って、一般就労まではいかなくても施設外授産など、もっと積極的に社会のなかに活動の場を作り上げて、送り出していくことにも取り組む必要があります。いまワサビの栽培をしている仲間たち

の姿は、本当に生き生きとして、かっこよく、万感の思いで見ています。

でもそういった方々ばかりではありません。そのなかでも、とくに自分の意思をうまく表現できなかったり、行動も感情もなかなか自分でコントロールすることができにくかったり、それにもかかわらず、自分で歩いたりできるような方……。そういう方々への支援は、本当に人手をかけて、もっと丁寧に向き合っていく支援が求められます。このような方々は、たとえば今の障害程度区分の出し方や、介護保険制度の要介護度認定などを見ると、いちばん支援の必要性の評価を受けにくいことは明らかです。それは、法人の経営に多くの努力を要していくことを意味します。現に、今でもそういう方々の活動できる社会資源はとても限られています。

■努力し続け、強くなろう

四本柱をうまく実現できたとき、いぶき福祉会は、さらにいちばん苦しい状況にある方を支えていくことに向き合うことになるでしょう。それをなくしては、いぶきでなくなってしまうからです。

一〇年後の課題を今から見据えて、腹をくくっておくだけでも、私たちはすでにいいスタートを切っていると考えて間違いありません。その事態をしっかりと受け止められるだけの強さを、今からはぐくんでおこうと思います。だから努力し続ける。だからもっと強くなろうと思います。そしてまたいぶき福祉会自身が、そんな人生を歩んでいくのは自然なことなのだと思っています。

自立支援法は、本当に大きな問題を抱えています。ですが、そこに向き合う過程を通して、私たちは大きなエネルギーを取り返すことができているかもしれません。誰が約束してくれるわけでもない。でも自分たちの活動を信じて、目の前にいる「仲間」にできる最大限のことを本気で精いっぱい頑張ってみる。そうやって夢を実現していく。これからの歩みを、楽しみにしているのは、何より私たち自身でありたいと強く心から思っています。

【構成詩】この町に住みたい――「いぶき」とともに（後編）

三　ゆめ

6
「お父さん、はい」
ふだんはあまり父親に
話し掛けないわが子
満面の笑みをたたえて
封筒を渡します
生まれて初めての実習の報酬
「わぁー、兄ちゃんの給料」
「いくら入っとる…」
さわぐ弟、妹
「勘定してみなわからん」
おもむろにお札を並べます
五千円
わが子は
自分の名義で貯金通帳を作ると言います

「たくさん貯まったら、鉄筋の家を建てる」
「わぁ、すごいや、兄ちゃん」
「かっこいい、兄ちゃん」
さわぐ弟と妹につられて
「鉄筋の家が建ったら、お父さんとお母さんと三人で暮ら
そうね」
私の言葉に
わが子は反論した。
「違うよ、お母さん。
ぼくとお嫁さんと赤ちゃんの三人で住むんや」
思わず私はお父さんと顔を見合わせてしまいました。
今、わが子はいぶきで
黙々と働いています
楽しみはテレビでの野球観戦
枕元には月刊ドラゴンズ

7

おやじとして
おまえにかける夢がなかった訳ではないけれど

酒に逃げず
グチもこぼさず
あるがままを受け入れる潔さを
お前が私に教えてくれた

だからお前に約束しよう
生きている限り
必ず、お前を守ってやるぞ

8

コスモスの咲く堤から
私の夢が大空へ
鮎子の笑みに励まされ

清流をたくましくのぼる鮎に
願いをたくしたあの頃

父は人生のすべてを
鮎子にかけた

朝三時半からの新聞配達
魚市場の深夜作業
昼間の親子三人の訓練
励まし
声掛け合い
眠けをふきとばし
歩み続けた
十四年
鮎子とともに生きた十四年

9

この町に
どっしりと根をおろす私たち

この町に
住み続ける私たち

この町に
夢よひろがれ

どんどん
どんどん
どんどん

どんどん
どんどんひろがれ

【原作】 伊藤敏子／大野秀子／大橋純子／田中和美／長縄美由紀／野々村照美／前川寧士／前川久美子
【構成】 武藤清吾

＊この構成詩は、一九九五年五月に、社会福祉法人いぶき開所祝賀会実行委員会が企画し、上演したものです。

明日に向かって、夢よもっとひろがれ！
毎年楽しいいぶきまつり。ボランティアさんとのツーショット

あとがきにかえて

この街で仲間とともに私たちは彩りあふれる生活を送っています。

いぶきでは車椅子に乗った仲間が「ねえ、ねえ、なんか話してよ」とばかりに顔をあげて職員を食い入るように見つめています。職員が「今日はしごとがんばったね」と話をすると目のなかの光はさらにまして彼の目に吸い込まれそうになります。言葉で話さなくても、目が、手が、私たちに語りかけてきます。

私たちは仲間の気持ちに寄り添い、ともに悩みながら仲間自身が豊かな生活を自分達で作っていってほしいと願い支援をしています。いぶきのなかで生活する仲間のもっている力はすばらしく、そしてそれを支援している職員も生活感にあふれ明るく素敵です（実践に興味がある方は第一章をぜひ読んでください）。

私はいぶきに入ったときにいぶきには仲間を中心に据えるという文化があると感じました。第五章で多くの方が感じていますが、それが仲間・職員・保護者・後援会員すべての人をつなげ、歩ませる原動力でもあります。また、ときにはそれが現実とのハザマで私たちを苦しめるときもあります。第二章での歴史にも書かれていますがそのジレンマは幾度となく繰り返されています。

「いぶきには課題はたくさんあるけど、ありのままの生き生きとした様子を伝えたい」。そう思い本の編集に参加しました。しかし、私事で申し訳ありませんが、本を作り上げていくおよそ一年あまりの時間はまさしく激動の日々でした。

最初の編集委員会の日に待望の我が子が生まれました。今では元気な我が子は、首がすわる前に寝返りしだしアンバランスな運動発達を続け、七月に病院で「歩けるかどうかわからない」といわれました。ショックから我が家にはケラケラと笑い始めた子どもの声のみが響き、しばらく暗い日々でした。ひたすら動きつづける我が子の体をただ抱きかかえ、不安と戦いながら、すがるように機能訓練に通いました。

私は仕事をやればやるだけ仲間の生活は良くなっていくという強い思いがあり、時代の流れのなかでパート化と膨大に膨らむ事務量に苦しみながらも、体力と時間がある限りいぶきで働いていました。そんな生活はすぐにパンクしました。「子どもはどうなるのだろうか。仕事の時間がない。みんなに迷惑をかける。仕事が続けられない」そんなことが頭のなかをぐるぐる回りました。

そのとき私をたくさんの人が助けてくれました。職場ではそれぞれが大変な状況を抱えながらも、私の仕事を分担してくれました。私の不安を聞いてくれて、励ましもたくさん頂きました。すべての人の協力が一つでもなければ私は壊れていたと思います。

みんなの協力や本の編集を通じてたくさんのことを学びました。私の力はたいしたことありませんでした、一人ですべてはできません、たくさんの人の力が必要でした。そして、仲間や親の痛み・悲しみ・喜びなど人の気持ちを知ったかぶりしていました。少し傲慢だった私を我が子が教えてくれたのかもしれません。

第三章と四章に詳しく書かれていますが、私のこの体験の背景には福祉全般の劣悪さがあります。劣悪さを個人の力や関係者の努力だけで乗り越えるは困難です。私は本で伝えることで夢をひろげ、つかみ取っていきたいと思っています。

障害者自立支援法はたしかに劣悪な法律です。どんどん暗くなっていってしまいますが、私たちが悪いことをしているわけではないので暗く生きていく必要はないと思います。第六章に書かれていますが、制度がどうであろうともいぶきの素敵な部分をのびのびと地域に広げていきたいと思います。

最後に私や皆が執筆に苦しみ、ときには放り出しそうになっても粘り強く支えていただいた生活思想社の五十嵐さん、本当にありがとうございます。おかげで理念も、実践も、それを支えてもがいているいぶき関係者の気持ちも、そして私たちの夢もすべてをこの本に詰めることができました。

しかし、必ずしもこの本がすべての方々の思いを反映して、すべての解決方法を与えるものではありません。私はこの本を元に議論がわきおこっていくことを願っています。そして、この本をきっかけにして、この街で仲間たちがもっと輝いて生活できるようにしていきたいと思っています。

二〇〇八年三月

編集委員会事務局長　森　洋三

■執筆者一覧（執筆順・所属は2007年３月現在）

横山文夫（よこやまふみお）　社会福祉法人いぶき福祉会理事長・弁護士
山口泰代（やまぐちやすよ）　同職員
原　哲治（はらてつじ）　同職員
永田和樹（ながたかずき）　同職員
河合真紀（かわいまき）　同職員
別府　哲（べっぷさとし）　同理事・岐阜大学（障害児・者心理学）
林　守男（はやしもりお）　同理事・「いぶき」施設長
上野由恵（うえのよしえ）　同職員
和田善行（わだよしゆき）　同職員・「いぶき」事務長
纐纈栄司（こうけつえいじ）　同職員
柴田健吾（しばたけんご）　同職員
飯島健二（いいじまけんじ）　同職員
虫賀裕太（むしがゆうた）　同職員
勝田真理子（かつだまりこ）　同職員
小川康子（おがわやすこ）　同職員
山本昇平（やまもとしょうへい）　同職員
八巻克也（やまきかつや）　同職員
森山　寿（もりやまひさし）　同後援会幹事長
北川雄史（きたがわゆうじ）　同理事・「第二いぶき」施設長
森　洋三（もりようぞう）　同職員

■編集委員会（五十音順）◎は編集委員長、○は編集委員会事務局長

長村敬子（おさむらけいこ）　社会福祉法人いぶき福祉会後援会幹事・元いぶき保護者
北川雄史（きたがわゆうじ）　同理事・「第二いぶき」施設長
竹内章郎（たけうちあきろう）　同理事・岐阜大学（社会哲学・生命倫理学）・いぶき保護者
竹森正孝（たけもりまさたか）　同後援会会長・岐阜大学（政治学・比較憲法）
林　守男（はやしもりお）　同理事・「いぶき」施設長
別府　哲（べっぷさとし）　同理事・岐阜大学（障害児・者心理学）
森山　寿（もりやまひさし）　同後援会幹事長
○森　洋三（もりようぞう）　同職員
◎横山文夫（よこやまふみお）　同理事長・弁護士

＊社会福祉法人 いぶき福祉会
1984年、岐阜市で無認可小規模作業所「いぶき共同作業所」として誕生、94年法人化。「どんな重い障害のある方も集う場、働く場を保障しよう！」を基本に、充実した活動を行なっています。
著書『障害者福祉がかわる　考えよう！ 支援費制度　＊いぶきが大切にしたいこと』2002年、生活思想社
【連絡先】〒502-0907　岐阜市島新町5-9
電話058-233-7445　ファクス058-232-9140
メール　ibuki@alto.ocn.ne.jp
ホームページ　http://ibuki-komado.com/

生活思想社ホームページ
http://homepage3.nifty.com/seikatusiso

この街で 仲間とともに　障害者自立支援法をこえて
＊いぶきが大切にしたいこと 2

2008年5月12日　第1刷発行

編著者　社会福祉法人 いぶき福祉会

発行者　五十嵐美那子
発行所　生活思想社
〒162-0825 東京都新宿区神楽坂2-19　銀鈴会館506号
電話・FAX　03-5261-5931
郵便振替　00180-3-23122

印刷・製本　モリモト印刷株式会社
落丁・乱丁本はお取り替えいたします。

Printed in Japan
ISBN 978-4-916112-18-7 C0036

生活思想社

★明るく前向きな自立した老後を送りたい

●石川松子・木元美代子・増本敏子／藍の会 編著

女性のための老後の幸せ・安心ガイド2

女たちのめざす老後

はざま世代からのメッセージ

1800円（税別） 四六判・並製272頁

六十歳前後の高齢の入り口に立つ世代は、自分の親は介護したが自分の介護を子に望まない・望めない「はざま世代」。介護の体験をとおして自らの老後を考えます

生活思想社

★新しいまちづくりの手法！

●特定非営利活動法人
みんなのまち草の根ネットの会 編著

埼玉県・草加発
ネットワーカーたちのまちづくり

◎男女共同参画・パートナーシップづくりの新たな実践

2300円（税別） A5判・並製224頁

地域の問題をパーシャルネットという組織をつくり、課題別にネットワーカーたちが解決していく